“600号”

青春期家庭训练营

主编　谢　斌

上海科学技术出版社

图书在版编目（CIP）数据

“600号”青春期家庭训练营 / 谢斌主编. -- 上海 : 上海科学技术出版社, 2022.7（2024.11 重印）
ISBN 978-7-5478-5676-5

Ⅰ. ①6… Ⅱ. ①谢… Ⅲ. ①青春期—家庭教育 Ⅳ. ①G782

中国版本图书馆CIP数据核字(2022)第044382号

“600 号”青春期家庭训练营
主编　谢斌

上海世纪出版(集团)有限公司
上 海 科 学 技 术 出 版 社 出版、发行
(上海市闵行区号景路 159 弄 A 座 9F - 10F)
邮政编码 201101　　www.sstp.cn
浙江新华印刷技术有限公司印刷
开本 787×1092　1/16　印张 11.5
字数：160 千字
2022 年 7 月第 1 版　2024 年 11 月第 3 次印刷
ISBN 978 - 7 - 5478 - 5676 - 5/R・2490
定价：68.00 元

在上海，有一个地址人们“耳熟能详”

——宛平南路600号，简称“600号”。

老上海人提到它，有时是玩笑，有时是恶意。

外地人、新上海人则很好奇——“600号”是什么地方？

其实，它是上海市精神卫生中心（徐汇院区）的地址。

曾经因为人们对精神障碍的不解、恐惧等心理而“闻名”。

这两年，“600号”逐渐以另一种方式“出圈”

——600号月饼、600号画廊、600号T恤、600号咖啡……

每出现一款，毫无例外地成为“网红”。

热或红的背后，是这个海纳百川的城市

对心理健康观念的开放心态，

也是人们对生活工作巨大压力的宣泄和释放。

今天，我们推出的“600号”图书，

将首先以青少年和父母之间的冲突为切入点，

和大家一起走进神秘的“600号”。

然后，尝试着将自己的生活变得更美好。

序

“这一届孩子不好带”，许多家长和老师会发出这样的感慨。

“这一届家长好烦人”，同样，许多青少年学生也有感慨。

其实，每一届孩子都不好带，也没一届家长是不烦人的。只不过，上述的感慨从过去一般的“牢骚”变成了今天“现象级”的严峻问题，确实也有因可循。

青少年阶段生理与心理发展不同步，总体上“身”快于“心”。其“心理韧性”普遍较成年人脆弱，因此成为人生中心理发育最动荡的时期。正如安娜·弗洛伊德（著名精神分析学家弗洛伊德最小的女儿，是著名的儿童精神分析学家）所言：“想要在青少年期表现正常的这种想法，本身就不正常。”美国哈佛大学精神疾病流行病学专家凯斯勒等人的调查也显示，75%的精神疾病初次发病是在24岁之前。

同样，无论是生物学研究（如遗传、神经发育等）还是心理社会研究都提供了越来越多的证据，显示存在代际之间精神心理问题的传递，以及家庭对子女心理健康的重要影响。有人甚至将其极端简化为“孩子的问题就是父母的问题”，或者“原生家庭（对青少年心理问题的出现）负有原罪”。

新型冠状病毒肺炎（COVID－19）疫情发生以来，作为全球性突发的重大公共卫生问题，给成年人和青少年都造成了巨大冲击。各国的调查均显示，受疫情影响的全体成年人中，大致有1/3的人出现较为严重的情绪反应，包括焦虑、抑郁、严重的压力感以及创伤后应激等。对于家中有“问题青少年”的成年人来说，势必经历着双重的心理压力。而对于青少年来说，疫情带来的环境变化也进一步增加了心理的脆弱性。对全球29项2020—2021年的研究（纳入80 879名18岁以下受试者）所作的荟萃分析显示，每4名青少年就有1人正在经历有临床意义的抑郁、每5人中就有1人正在经历临床意义的焦虑，总体是疫情前的2倍，且随时间的推移、年龄段增高而呈增加趋势。

在此形势下，"宛平南路600号"(市民对上海市精神卫生中心徐汇院区的别称，也被亲切地调侃为"我们的600号")的儿童青少年心理门诊以及儿少住院病房，也经历着远超以往的"一号难求"和"一床难求"。

其实，无论有没有疫情因素，大多数青少年期的心理行为问题，都不一定需要去"600号"现场解决，或者不能仅靠"600号"解决。许多让家长困惑、痛苦的孩子问题，也更可能反映的是其自身问题，不能仅靠求助于儿少心理科。

为了帮助更多有需要的孩子和家长，我们"600号"里的医师和心理师们巧妙构思，通过本书搭建了一个虚拟的"青春期家庭训练营"，让受青春期心理行为问题困扰的孩子和家长无须去"600号"挂号，即可自助开展针对性的"家庭治疗"。

我们的愿望是，通过这样的方式(也包括我们的"上海市心理热线962525"等在线咨询)，大多数程度较轻的早期的问题能够在医院外获得帮助和改善，少数确实需要医疗干预的问题也能通过适当的引导而得到及时识别和早期诊疗，避免发展为更严重问题。

青少年心理行为问题是个世界性的难题，也是涉及大量复杂因素的发展性问题，难以简单归因和简化处理。本书尝试从操作性的指导出发，提供一些亲子双方实用的自助练习，化解普遍性的困惑并提升家庭的应对能力。强烈建议读者们在阅读过程中把我们视作你们所在"训练营"中真诚可靠的一员，随时把你们的意见和建议反馈给我们，共同改进和完善，让含苞待放的花朵沐浴在爱的世界，绽放别样光彩。

谢斌

2022年3月

目　录

爱的萌芽初长成 49

做追求个性的『我』 63

把学业的『压』转化为『力』 77

寻找生活中的小确幸 92

与情绪和谐相处 106

生命只有一次 123

附录

开心减压小技巧

青春期大脑“全分析”

“问题少女”美美的困扰

美美在刚读小学时，在课堂上、写作业时总是难以集中注意力，小动作也比较多，做事冲动鲁莽，爸妈交代的事情总是听一段忘半段。这些表现严重影响到了美美跟人相处，完成作业不仅时间超长，而且粗心大意错一堆。后来美美在儿少心理门诊被诊断为“注意缺陷多动障碍(ADHD)”，医生处方了相关药物去帮助她。经过一段时间治疗，美美注意力不集中改善明显，小动作也减少了，学习成绩得到了挺大的提高。

今年美美刚过完12岁生日，又变成了让爸妈担心的少女，在妈妈的陪同下一起来到青春期家庭训练营。报名登记时，妈妈不安地谈起，她觉得美美最近半年与小时候相比变化太大：越来越喜欢和个子高大的同学一块儿玩，反而疏远了从小关系亲密的闺蜜倩倩；也不爱参与家庭聚会，和长辈一起就餐总是匆匆吃完就溜下桌，还经常跟父母发脾气。美美的作息也变得让父母担忧，晚上睡得很晚，早上不愿意起床，父母需要早晚反复督促她睡觉和起床，而白天在学校经常昏昏沉沉。

入营之后，美美有些吞吞吐吐地谈起，今年已经读初一，与去年相比，她真切感受到自己身体发生的巨变：个头蹿高了近10厘米，胸部开始变得丰满，经历过了月经的初潮。然而，与她从小玩到大的闺蜜倩倩，却还是一副瘦瘦小小的身板，只要两人凑一块，美美就会陷入尴尬，

不由自主地驼背，试图把自己缩成更小的一团。同时，美美在学校十分在意同伴对自己的评价，尤其敏感于对身体、外貌的评价，容易因为同伴的玩笑话不安、愤怒，甚至哭泣，担心同学会疏远、轻视自己，努力使得自己表现出良好的状态，获取同伴的认同……

少年，来认识你的大脑

这个年纪的身形变化对美美而言很陌生，甚至因此觉得不适应和羞耻，情绪更加像坐过山车，高高低低起伏，格外在意同辈的评价。

想知道美美的身心为何发生了这么多变化，那我们先从青春期孩子的大脑结构和功能的变化开始探究吧。

大脑的结构——人类灵魂的居所

大脑形如半球状，主要由表面的大脑皮层和皮层下核团组成，大脑表面的沟回形如山峦起伏。划分为四个大区（脑叶），分别是额叶、颞叶、枕叶和顶叶，以往认为每个脑叶负责不同类型的行为和心理特征，但目前研究认为大脑的功能更加复杂，每个脑叶又有不同的功能区域，负责不同的心理行为过程。整个青春期变化最明显的部分为前额叶、顶叶皮质和颞叶皮质。

至青少年期，大脑的重量为 1.4～1.5 千克，其中含有大概 860 亿个神经元，这与成年人的大脑重量几乎一致。尽管青少年的大脑在学习和功能上继续发育，但在重量上几乎保持不变。每个神经元都由一个胞体、多个树突和一条长长的轴突组成，860 亿个神经元之间形成了复杂的“线路”，这些线路实际上是指轴突和树突之间的连接，每位青少年的大脑中有千万亿个突触存在。

大脑的运转——每个人最精密复杂的小宇宙

当一个神经元细胞被激活后，会发出电脉冲信号，产生一个微小的电流，约有 1/10 伏，持续 1/1 000 秒的时间，并传送至轴突和树突，释放多种化学物质(神经递质)。神经递质跨越突触间的小间隙,作用于另外一个神经元细胞,引发下一个神经元的“触电反应”。以此类推,这就是大脑神经元细胞的“交流方式”。青少年进行阅读、思考、与人交流等行为都是通过这些电脉冲信号实现的。

青少年的大脑经历着人生中非常重要的重新整合过程,我们一起来看看大脑微观结构的变化吧。

神经元和突触连接的修剪

到了青春期,大脑会进行一个感觉不太合乎生理规律的活动——对神经元进行修剪。大脑遵循了“不用则废”的原则,让不用的神经元和突触自然凋亡。这跟园艺里修剪枝叶是一个道理:想让一棵树长得粗壮茂盛,必须把它的顶部剪掉,才能把营养分散给底部和中间的枝杈。这个过程发生在12～13岁,是每个人到这个年龄段必然会经历的。

髓磷脂的增加

当不需要的神经元被裁剪后,大脑会给剩下的神经元做一件“外衣”,是一层包裹轴突的脂肪,也就是髓磷脂。这层脂肪最大的作用是加快神经信号的传输速度——信息在不同的神经细胞之间的传输速度可以增加到原来的3000倍。

大脑的成长——大脑发育的五个阶段

那么,青少年处于发育的重要阶段,个体大脑发育根据年龄,可以划分为哪几个阶段呢?人类大脑一生中都在经历发育。受精卵形成后4周开始形成神经管,神经管上部发生弯曲后发育成前脑、中脑和后脑的基本结构。

胎儿期的前6个月大脑的发育重点在于增加神经元和神经纤维,保证大脑各部位发育良好。这个阶段补充叶酸至关重要。

童年期,大脑继续以惊人的速度形成神经连接,学习、记忆和语言活动逐渐开始。至6岁时大脑的重量达到成年人的95%,能量消耗也达到高峰。

青春期大脑仍在发育,大脑的容量已足够大,但神经连接网络仍需要进一步完成。这个阶段，童年期快速成长出的，但是没有用过或用得比较少的神经元或连接会逐渐减少。从最先成熟的感觉和运动区开始，然后是语言和空间定位有关的脑区，最后是与高级执行功能有关的脑区。与高级执行功能有关的脑区位于大脑的额叶外侧区域，主要负责控制冲动、判断并做出决策。这一区域的发育不成熟可以解释为什么青少年做决策时容易鲁莽，有时会出现性情反复无常。

成年期，大约 22 岁时，脑力达到顶峰，至 27 岁开始出现衰退，最先衰退的是与制订计划和任务协调等需要执行控制有关的能力。

进入老年期后，大脑的功能会出现明显衰退，记忆力下降，脑细胞不断减少，尤其是与记忆有关的海马突起部位。

大脑的网络——拥有组合技能的开始

大脑的功能由不同的脑区组成，各个脑区除了施行自己单独的功能外还会参与联合其他脑区的共同工作，这种"协同工作"在生理学上被称为大脑的网络。

视觉网络负责加工处理与视觉有关的信息，大部分的感觉信息（包括物体的颜色、大小、位置以及复杂的运动方式等）都需要在视觉网络进行处理后才能被感知和理解。

体感运动网络在整个大脑的发育过程中是最先成熟的，在负责指挥完成身体的运动之余也接收着来自身体各部位的体表感觉，包括温度、压力和痛觉等。

背侧注意网络在青少年的日常生活中被赋予了最为喜闻乐见的功能：主动注意力。当它被激活时，青少年能够主动且持续地将注意力放在当前的任务上以保证任务的完成。

腹侧注意网络助力青少年加强对外界的关注力。比如，当少年们在学习跳舞时，需要集中注意力注意自己的舞步，但同时也需要注意同伴的舞步，不然可能会踩到她/他呢。

边缘网络通常被称为情感大脑。例如青少年常见的心理过程——我想要获得老师同学的赞赏，为此我要努力学习取得一个好成绩——其中包含的动机、情感和行动都与边缘网络提供的支持息息相关。

执行控制网络是整个身体的指挥中心，帮助整合身体所接收到的感觉和情绪信息，结合自己的认知，做出进一步决定。然而，这部分脑区的发育较缓慢，直至成年早期（25岁左右）才能完全发育成熟。这样我们就能理解青春期的孩子为什么总是充满各种情绪以及存在各种各样冒险行为了，随着大脑的不断发育成熟，青少年逐渐向成人期发育，行为和情绪也逐渐趋于成熟。

默认网络在没有迫切的任务需要完成的时候，支持青少年很容易陷入一种对自身状态的思考：想象周围人对自己的看法，或者想象自己接下来的行为可能带来的结果，或想象更遥远的未来等。

你会经历的青春期巨变

“三合一脑”理解青少年的行为

为了更好地理解青少年的行为特征，我们来了解一下美国神经学家保罗·麦克莱恩（Paul MacLean）在20世纪60年代提出的三个大脑概念，即本能、情感和思维大脑。

本能大脑：就是我们所说的脑干部位，负责生存所必需的大脑功能，比如呼吸、心理和体温的调节等，都存在于本能大脑中。当受到威胁时，这一区域首先发挥作用，帮助我们进入“战斗、逃跑或者僵住”的应激状态，行为反应会变得迅速并且具有保护性。此时，大脑没有沉思，但无法达到深思熟虑的程度，而是直接将感知到的信号发送给身体，并迅速采取行动，以确保我们能够活下来。

情感大脑：位于脑干上方、大脑皮层之下，称之为“边缘系统”的区域。情感大脑主要负责安全、情绪和动机加工。这是青少年与其他人建立关系的重要区域，对情感体验至关重要，可以帮助青少年从环境中获取他们想要的东西。当青少年体验到强烈的情绪时，比如焦虑、担忧、恐惧、抑郁、悲伤、愤怒、幸福或内疚，负责情感体验的区域活动增强。

思维大脑：思考和推理是在"三合一脑"最高的部分。思维大脑让青少年能够讲话、推理、计算、判断和作出决策。思维大脑在人类出生后仍处于一直不断发育过程，直到25岁左右可以基本发育成熟，在人类大脑中的发达程度远远高于其他生物物种。思维大脑中有一个特别重要的区域位于眼眶的上部，我们称之为前额叶皮层，通常被称作大脑的命令和控制中心。决策和自控力等较高层次的思考是在这里进行的。

开启"变身"——第二性征萌发

是否还记得自己大概8～9岁之后的身体变化？

此时，大脑的重要"部门"——下丘脑，开始下命令给下级部门——垂体，刺激其分泌更多生长激素和促甲状腺激素，之后就迎来了一个劲的蹿个儿、体重增加、骨骼发育逐渐成熟，形成"发育加速"。

然后，垂体中的腺垂体还产生大量促性腺激素，开启青春期的性成熟进程：男孩们在雄性激素的分泌作用下开始长出更紧实的肌肉，更浓密的体毛，还有日渐成熟化的生殖器，绝大多数的男孩在这个时期开始出现遗精；女孩们的身体也开始变化，雌激素刺激乳房发育，臀部变宽，生殖器成熟，还有从小女孩转变为少女的标识——月经来潮。之后稳定的雌激素和孕激素的周期会帮助女孩儿们形成稳定规律的月经周期。

小贴士

发育的性别差异——女士优先

一般女孩比男孩成熟早，因为女孩的"发育加速期"早于男孩，所以常在六七年级的班里，女孩普遍比男孩高。女孩的发育渐进到14岁趋于平稳，但男孩后续还能持续加速发育好几年。

男孩们在进入青春期后，体内会有睾丸素，但是释放它的睾丸其实还会分泌少量的雌激素，所以部分男孩子会在一段时间内经历乳房的增大，也许当时的你会羞恼和困惑，但是这往往是短时间的哦！

妈妈的怒吼——怎么还不去睡觉！

我们给美美解释了青春期特有的生理发育后，再来看看妈妈希望其改善的睡眠问题吧。美美对此只有一句话回应：晚上不困啊！怎么睡？早上不是不想起，真的起不来！

进入青春期的少年们，对光照的神经敏感性发生变化，影响了大脑垂体分泌褪黑素的节律周期，青少年大概比成年人和儿童晚2小时，直接导致了青少年会更晚才有睡意。所以"怎么还不去睡觉，不早睡怎么早起"这个点，往往也是亲子矛盾的日常爆发点，要消解这个矛盾，就要理解少年们的大脑特征。青春期孩子的父母们要知道，看起来是孩子不肯去睡，其实是大脑还没叫他们去睡。这种受激素影响的睡眠也叫"阶段性延缓"，在青春期少年们的发育中往往日渐显著。

一方面少年们的大脑更晚发出睡觉的指令，另一方面，身体对睡眠的需求却没少，仍然跟小学时期一样，需要保障在9小时左右；当然现实很骨感：很少有青少年能睡足7小时。想想过去你们一起经历的一个个大清早，少年们不得不被家长千呼万唤地叫醒，然后睡眼惺忪地去上学。长期的睡眠不足会造成慢性睡眠剥夺，会影响认知功能，表现在学业的成绩下滑，记忆力、注意力下降。

延伸阅读

睡得好，学得好

睡眠不足会给青少年带来严重影响，为了保障青少年拥有良好的睡眠，我们给予以下12条建议：

1. 遵守日程表。周末不要睡懒觉。如果周六和周日早上睡懒觉，就破坏了你自己的睡眠模式。相反，需要每天都在相同的时间点睡觉和起床。

2. 设立就寝日常。包括关掉所有的屏幕（电视、电脑、手机），换上舒适的睡衣，啜饮花草茶，调暗灯光，减少噪声。

3. 不要在睡前吃或者喝太多东西。至少在睡前两小时吃一顿轻便的晚餐。如果你睡觉之前喝了太多饮料,之后就要一直起床去洗手间。小心辛辣的食物,它可能会使你的胃部灼热,影响睡眠。

4. 避免咖啡因和尼古丁。它们都是让人保持清醒的兴奋剂。在睡前8小时就应该要避免摄入咖啡因了。

5. 运动。如果你想睡得更好,最好的运动时间是早晨或者下午。定期运动可以帮助提高睡眠质量。

6. 让房间保持凉爽。让房间里的温度降低,使用空调或风扇保持房间的凉爽。

7. 主要在夜间睡觉。白天小憩的时间是从夜间睡眠中偷过来的,要把白天的睡眠时间限制在一小时以内,并且不要超过下午三点。

8. 保持昏暗、安静以及没有屏幕。使用遮光罩、窗帘以及关灯,关掉MP3或电视,使用耳塞,使用风扇、白噪声机或其他一些持续的、舒缓的背景噪声来掩盖那些无法控制的声音。睡前至少1小时内不要使用笔记本电脑、手机或者其他屏幕设备。

9. 床仅仅用于睡觉,不用于学习或者看电视。累了就上床睡觉,把灯关掉。如果你30分钟内无法入睡,那就起床做一些其他放松的事情,比如看书或看杂志——不要看屏幕!如果抱着反正睡不着,干脆刷手机的想法——那有可能彻夜难眠。

10. 洗澡。睡前洗个热水澡可以放松肌肉。

11. 不要依赖安眠药。如果医生给你开了这些药,一定要遵医嘱服用药物。要确保这些药片不会与其他药物产生相互作用!

12. 不要小题大做。告诉自己"没事的,我一定会睡着的"。

青春期的情绪"过山车"

对美美而言,当前最重要的,可能是在人际交往方面得到更多的同龄人认可,然而美美却觉得自己在聚会上有时也会有控制不住的冲动,发脾气,做事鲁莽，有时甚至会有不计后果的举动。美美时常为此颇为自卑，并归结为：一定是自己的病还没有好的缘故。

在家长眼里，进入青春期的少男少女们已然是一副小大人模样，同时在孩子们眼里，会不会也觉得自己的模样距离成熟只有一步之遥了？不乏有少年们在渴求独立、尊重和自我意志的心声下，把自己当成成人了。如果说，少年的你恰好阅读到这里，首先要向大家说明一件事情——即便你们的身体刚经历了奇妙的发育，拥有了成人的体格，但你们的大脑还没有成熟，可以想象一下带血丝的七八成熟的牛排的样子。而这与青少年时期比较情绪化，想法易变，行为冲动密切相关。

当青少年情绪激动时，给他们扫描大脑，青少年相比于儿童和成年人，大脑被点亮的区域明显增多，这是青少年容易体验到强烈情感情绪并对激励比较敏感的重要原因。当然，这也与青春期的激素水平较高有关。

美美有些烦躁地说，在和同伴们的交往里，会异常在意自己的举止，会因为大家的点赞而兴奋愉悦，也会因为受到同伴的一句排斥，轻易就陷入了情绪低潮。

在迷宫般的大脑中，边缘系统协调处理我们的社会情绪。青春期分泌活跃的多巴胺刺激了边缘系统，为少年们带来了更多轻易得来的情绪高涨和兴奋体验。过分活跃的情绪系统，开始不受代表理性认知的前额叶等"上级部门"的管理，就像是大脑的负责冲动控制的刹车系统失灵了，有时失控行为就发生了。

令人沉溺的"愉悦感"

说到酒精、毒品、成瘾类药物，也许青少年和家长们觉得距离自己还很远，但是请不要忽略我们身边触手可及的虚拟网络，以及虚拟世界的载体——手机、电脑等终端，它们也会激活这条成瘾相关的大脑通路！网络或是成瘾物质都会激活大脑的部分脑区，不断地让大脑下达指令重复做那些"让自己愉悦"的事情。这种愉悦是永远不会满足的，只能使人不断重复获取，沉溺、上瘾。

很多父母有这样的担忧，玩游戏或者屏幕时间过度会影响青春期孩子的大脑发育吗？

目前对此并没有明确且一致的结论。有人认为合理安排屏幕时间并不会影响心理健康。比如有研究者发现，青少年每天的屏幕时间和心理健康水平呈现一种类似"倒U形"关系，如果屏幕时间特别少，心理健康水平是较低的，随着屏幕时间增加，心理健康水平有所提高直到峰值，此后随着屏幕时间继续增加，心理健康水平开始下降。

毋庸置疑的是，开始饮酒越早，量越大，喝得越频繁，对大脑残害越深。对于处于学习黄金期的青少年而言，饮酒会直接损害脑结构，尤其是与学习和记忆能力相关的海马体，导致记忆力下降。

爱冒险的"闯祸精"

有人觉得青春期的孩子们像一群"闯祸精"。"闯祸精"的大脑在"高速公路"上前进，冒险对他们而言或许是一项"有价值的活动"。

这是大脑发展过程中不可缺少的一个阶段，如果我们刻意跳跃了这个阶段，青少年虽然会避免承受一些不良后果，但同时也会失去学习和探索的动力。我们需要时刻记住，青少年们只有不断尝试新事物，大脑才会生长。

如前所述，边缘系统和前额叶被看作是青少年感知和处理外界刺激和情绪的重要脑区。与成年人相比，青少年大脑中的边缘系统区域对收获感更加敏感；前额叶皮层会阻止成人更多地参加冒险，但青少年的前额叶还处于发育阶段，抑制（刹车）能力不够。这就导致了青少年期，孩子们更喜欢探索和冒险，并对新鲜事物表示出浓厚的兴趣。

延伸阅读

动物青少年也"疯狂"

研究者发现啮齿类动物（比如老鼠）在进入青少年期后，性功能开始成熟，社会互动、探索和冒险行为增加，也更多地出现与父辈的冲突。更有意思的是，青少年对成瘾类物质（如酒精）的使用倾向在同样处于青少年期的灵长类等动物（猩猩、猿）的身上也能观察到。

自我为中心和从众行为

我们从美美的经历可以发现,青少年非常关注自身表现和别人看自己的目光,尤其在同辈社交场合,同时又疏忽与长辈的家庭聚会,似乎顾不上和父母多说话……

在青春早期,青少年的身体发育达到第二次高峰,自我意识也紧接着高涨,青少年从儿童时代对权威的盲目服从逐渐转化为对自我尊严的重视。青少年的情绪也随着周围人的眼光而起伏。青春期自我闭锁和自我为中心的到来,是迈向成熟的自我意识的必经阶段,也是青少年从不平衡走向平衡、不稳定走向稳定的重要阶段。

青春早期的孩子易将个人的想法、情绪和感受放在无比重要的位置,容易觉得别人都不了解自己,容易忽略他人的感受,显得孤僻、清高;在考虑个人和他人关系时显得既片面又极端;"内向型思维"较为丰富——注重内心世界多,关注现实生活较少;认知上还未摆脱具体形式思维(具体形式思维是指在具体情境中运用具体经验,处在这个阶段的人看问题较表象和偏执)的主导地位,容易以别人的意见为转移,也容易产生从众行为。另外,青少年体内激素水平变化较快,情绪容易十分不稳定,遇事容易冲动,当有矛盾发生时又很难心平气和地处理。

总的来说,青少年时期的自我为中心既有积极的意义,同时也容易给青少年带来一些困扰。

小贴士

多闻好味道也能开心一点

嗅觉是打入大脑中社会情绪"部门"的快捷通道,选择去闻自己喜欢的、好闻的味道可以立竿见影地改善当下的心情。看到这里,不妨放下书本试一试。当然,先回想一下什么是自己钟爱的味道哟。

畅享"动荡"的青春期

世界上有众人望尘莫及的"天才大脑"，代表人物就是爱因斯坦，相应地也有智力发育缺陷的"问题大脑"。其实大多数大脑发育没有明显异常的青少年，在智力表现上差距很小，学业成绩的参差不齐，还和学习动机、方法、习惯，以及不得不提的注意力相关。

多动症与青春期

以注意力发展缺陷及过分的多动冲动为特征的疾病，就是注意缺陷多动障碍(ADHD)，我们常称之为"多动症"。它作为一种神经发育性障碍，主要由遗传因素引起，大脑负责注意力和冲动控制的"部门"存在先天的发育落后，也有神经递质的浓度不平衡。多动症起病早且最常见于学龄期儿童(6～12 岁)，患病率约 5%。本次来我们训练营的美美也是在一年级被诊断"多动症"，药物明显改善了注意力不集中的问题，但熬到了青春期的她，却觉得自己再次出现过多控制不住的冲动，发脾气，做事鲁莽，不计后果……

这些情况都应该归咎于自己早年罹患的"多动症"吗？我们一起来分析一下。

从"多动症"的症状层面来讲，学龄期注意力不集中、多动冲动的表现突出，或者也有部分孩子以其中一组症状为主，研究者发现有的孩子总是"无法自始至终地完成任务"是核心问题之一。患儿的学业损害最为突出(但高智商 ADHD 孩子的学业损害并不明显)，随后继发亲子冲突和家庭问题，常被认定是"坏孩子"。

"多动症"的孩子到了青少年阶段(13～17 岁)，注意力的问题和冲动问题形成更紧密的症状网络，多动的问题不再像之前那么突出，而冲动冒险的表现处在更中心的位置。在青春期阶段的"多动症"少年们，虽然仍然表现为"学业困难"，但同伴关系、行为问题、情绪困扰在这个阶段开始更加突出，最终使得少年们容易出现低自尊。

也需要提醒家长们，即便是从小就患的疾病，但是对于进入青春期的青少年而言，伴随自我意识的增强和整合，会对原先的疾病进行重新评价，重新判断疾病对自己的影响。

那美美的问题真的全是“多动症”引起的吗？其实不一定，她的核心症状（注意力不足、多动、冲动），在早期用药和充分训练等治疗之后，就有了明确的改善。结合本章节对于青春期“全脑”的各种分析，青春期少年常出现的爱冒险，冲动、情绪化，喜欢争辩、理想化和更加固执己见等行为特点与“多动症”存在交叠，但也存在区别。

训练师给美美和家长的建议是，把目前的不足之处都归咎于疾病，可能导致更深的无力感和丧失去改善的动力。我们的大脑目前还不够成熟，但相信它会一天比一天更成熟，期待未来，调整和锻炼现在的自己。停止臆断，先去理解自己的身体和大脑，甚至疾病，真正的理解是产生解决方案的开始。

潜在的“宝藏”

地球上，有着各种神经发育性的障碍和偏移，也为世界上的大脑带来了多彩鲜活的样本，丰富了神经多样性。除了刚刚详细阐述的最常见的“多动症”，还有也很多见的孤独症谱系障碍（又名自闭症）。这病起病更早，症状和影响更突出；也有阅读障碍、语言障碍等特定的发育障碍。

值得一提的是，其中不少神经发育问题，都与遗传基因关系密切，所以常呈家族聚集性。如果有同患疾病或具有类似症状的长辈，其实对于正在度过青春期的患病少年来讲，是一笔潜在的“宝藏”。父辈甚至祖辈可以以平等的姿态，讲述自己的经历和经验，让懵懂的少年们受到最有效的鼓励。

青春期真正的样子

读到这里，不知道少年和家长会不会有点失望感，青春期的主旋律就必然是受大脑和激素控制下的叛逆冲动吗？我们只能用忍受的心态煎熬过这段青春岁月吗？在训练营的最后阶段，训练师鼓励美美和她的妈妈去畅享青春期真正的样子，我们也一起来看看吧。

青春期是个从童年迈向成年的关键过渡期，也曾经确实被认为是个略显疯狂的“发展动荡期”。但目前看来也许言过其实，躁动还是平静，接纳还是反叛，还受到社会、家庭环境和文化背景的影响。

有研究者提出，将谈论性、生死视为禁忌的文化大环境会使青少年不解或误解自己正在发生的正常生理变化，后续可能会演化出暴力倾向、情绪问题等。复杂多变的社会环境、动荡的家庭结构和亲子关系（如单亲、重组、丧偶式育儿、双亲长期缺位等），也有可能成为青春期"危机"的催化剂。父母对孩子的期望可能会导致其按照自己心里的美好蓝图来设计孩子的未来。而这也许恰恰相悖于渴望独立、尊重和认可的青春期孩子的诉求，导致亲子间冲突。如此看来，青春期激素的变化确实使得不少青少年感到困扰，但是这并不能决定和直接导致情绪混乱、冲突和冒险行为。

延伸阅读

萨摩亚少年的成年

在不同国家、不同的亚文化种族中，对青少年的认知和评价是有明显不同的。最早的著名理论是由人类学家玛格丽特·米德提出的，她认为：站在全人类青春期发育的角度，叛逆冲动并非全部的样子。你可以根据自身的特点，做各种理性化的尝试。

米德的扛鼎之作《萨摩亚少年的成年》，就是对南太平洋小岛上与世隔绝的亚文化群体——萨摩亚人的观察实录，发现那里并没有美国本土上占据主流的青春期危机。米德通过长期与萨摩亚人的同住观察，总结了三个原因：相对隔绝的社会环境、宽松的文化环境、开放的家庭结构。萨摩亚青少年多了自由选择，少了茫然和干扰。即便萨摩亚的少年感受到了困惑和压力，但是环境给了其很好的出口，避免这些情绪被压抑下来，造成新的冲突。猜猜他们最常用的情绪宣泄的出口是什么？米德观察给出的答案是跳舞哦！萨摩亚人从小时候起，就会从岛上各种大大小小的聚会、舞会中学会跳舞，但他们的舞蹈不苛求整齐划一，只是利用舞蹈展现个性，自由发挥。

丹尼尔·西格尔（美国加州大学洛杉矶分校临床心理教授，创立人际神经生物学，主要研究人际关系与大脑）明确提出不是激素彻底决定了少男少女们在青春期的种种"疯狂"，大脑发育过程的变化造成的改变可以被理解、被接纳、被拥有智慧和包容之心的父母们恰当地应对。孩子不是忍受，家长不是苦等青春期的离去，度过这一阶段，孩子才算获得真正的成长。

训练大脑，一起开心起来吧

大脑可以训练吗？答案是当然可以。青春期的大脑具有可塑性，是可以改变的。只要我们学习新的事物，大脑就会发生改变，因此，也可以简单地说，只要我们学习新东西就是在训练我们的大脑。

此外，锻炼也是有益大脑健康的好方法。相信大家已经无数次听说锻炼有助于健康了，其实锻炼不仅仅对我们的心脏健康、体形维持有益，对大脑，特别是那些跟情绪（抑郁）有关的大脑神经环路也有益。锻炼可以对抗由抑郁引起的负面作用。

锻炼可以促进大脑内生长因子释放，促进新生神经元的生长。锻炼能够改变抑郁带给青少年的疲倦和疲惫，让他们改善睡眠，增加食欲，感到充满能量和活力。锻炼会让青少年的思维和注意力更加敏捷，改善低迷情绪，降低焦虑和压力感，提升自信。锻炼还能把青少年带入社交群体中，减少孤独感。

后　　记

美美和父母在训练营经历了一系列的学习后，渐渐明白了青春期孩子的大脑特点，以及情绪、行为的表达：既有冒险精神又易低估危险行为；加强与同伴的交往，但受同伴影响加大；情绪强烈充满活力的同时又易做出极端的事儿；进行富有创造力的探索意味着质疑现状并喜欢与众不同……

青春期几乎是每个人都要经历的时期。我们热爱青春，常用"青春永驻"祝福别人。但是，有些时候我们却谈"青春期"色变，会把孩子这段时期的一切错误和痛苦都"甩锅"给"青春期"。所以无论孩子还是家长，都要好好了解"躁动"的青春期大脑，因为这个阶段对人生是那么的重要！

让我们用开放和接纳的态度来面对青春期，携手度过这一有趣而充满冒险的人生旅程吧！

让家成为最温暖的港湾

“硝烟弥漫”的安琪家

“起床了，也不看看现在已经几点了！今天是青春期训练营的第一天，可别迟到了！你这孩子，对重要的事情怎么一点都不上心！”安琪的妈妈破门而入，皱着眉头看着还在熟睡的安琪，嘴里忍不住念叨着。说罢，便扬长而去，钻进厨房为大家准备早饭去了，留下敞开的房门。在睡梦中被吵醒的安琪不满地看向房门，上面贴着“请勿打扰”的标识，显得莫名的讽刺。似乎妈妈从来都不理解这几个字代表的是什么意思。她生气地把房门摔上，发出了“砰”的一声巨响，不出意料地引来了妈妈新的一轮念叨：“这孩子，谁惯的，什么态度！这要是在我小的时候，早就被你外婆揍了……”

“为什么你们从来都不尊重我的隐私！每天听到的都是你们对我的不满和抱怨，真是受够了！早晚有一天我要离开这个鬼地方！”安琪一边换衣服，一边愤愤不平地想着。

早饭后，安琪和爸爸妈妈来到了训练营，接待他们的是一位年轻的女性。“欢迎来到我们新一期的青春期家庭训练营，请在这里稍等一下，一会儿训练师会对你们进行一个简短的访谈，评估一下家庭的情况。”说完带着安琪一家来到一个安静整洁的小房间。

没过多久，门外便传来敲门声，一位面容和蔼的女性打开了房门，手里拿了一些纸笔。“你们好，我是训练师。在正式进入训练营之前，我需要简单了解一下你们的家庭情况以及大家希望解决的问题，为之后的工作提供足够的背景资料。那我们现在就开始吧。”安琪低着头，抠着自己的手指，不知道在想什么，爸爸默默地听着医生的话，微微抿了一下嘴角，妈妈热切地看着医生，连忙点头回应。

在询问了一些基本的家庭信息之后，医生问：“请问你们来到这里主要想要解决的问题是什么？”安琪妈妈立马说道：“当然是希望我们家安琪能够更听话一点，把心思都放在学习上。我们现在对她要求高、管教她都是为了她好，她要是能懂事一些，明白我们的一片苦心就好了。别一天天在家里跟仇人似的，就知道跟我们对着干……”话还没说完，安琪便忍不住大声反驳：“什么都是为了我好，你问过我想要做什么吗？不，你没有，你只会把你想要的强加在我身上！我都这么大了，你们每天还是管这管那的，恨不得在我身上装一个摄像头，你知道你给了我多大的压力吗？你尊重过我的隐私吗？”安琪脸色涨红，捏紧了拳头，怒视着妈妈。爸爸有些尴尬，看着这在家里天天都会上演的闹剧，无声地叹了一口气。眼看着就要引发一轮新的争吵，训练师出声打断：“看来我们家庭里的确存在着一些需要解决的问题。这也正是我们来到青春期训练营的目的。有问题并不可怕，希望你们能尽力做到一点，那就是要保持一个开放的心态，接受一些不同的观念和做法，并在我们训练师的指导下做出相应的改变。这样的话，我有信心在训练营结束时，我们可以拥有一个有助于安琪健康和快乐成长的良好家庭环境。”就这样，安琪一家开始了学习和练习。

性急的小伙伴，跳到第 20 页，收藏一张让你开心的表。

给安琪和小伙伴们的攻略

正如安琪家庭所展示的那样，青春期的孩子往往会与家长产生激烈冲突。人们常说当"青春期"遇上"更年期"就好比"火星撞地球"。双方的冲突会愈演愈烈。然而,值得注意的是,我们并不能将其简单地归结为是谁的问题,因为这两种状态都是有道理的。

那青春期的主要特点有哪些?什么是正常的青春期状态?对于青春期的我们,应该怎么做才能跟父母更好地相处,从而有利于自身的健康成长?下面,让我们一起来了解一下吧。

少年寻常的样子

我们首先需要了解的是什么是"青春期",青春期的青少年具有哪些性格特点。

说到青春期,大家的第一反应就是:叛逆、爱发脾气、冲动,这些都是爸爸妈妈口中的青少年。的确,这些是青春期显著特点中的一部分,但这并不意味着就是"不好"或者"不听话的"。这些行为特点都与自身的生长发育紧密相关,是一个处于青春期的少年寻常的样子。所以不必为此羞愧或自责,更不能自暴自弃。

少男少女们,了解和接纳自己此时的状态是改变与父母关系的第一步!来看看研究者总结的中学生在青春期的心理特征。

情感和想法开始内隐

进入青春期后,大家摆脱了小孩子般的"心直口快",开始学会如何表达和掩饰自己的情绪、想法。这是成长的标志。这时,大家开始拥有自己的"小秘密",不再对父母毫无保留地倾吐心思,而更多地选择写日记,或者向好友倾诉。研究者把这种现象称为"闭锁性心理"。这往往就是和父母产生激烈冲突和矛盾的"源头"。

情感两极化

知道吗?在青春期,我们的大脑处于快速建设阶段,正经历着一场"大规模的重组",但负责控制情感和冲动的重要大脑区域前额叶皮层还尚未发育成熟。此时,青少年常常表现出敢于冒险、容易冲动、兴趣广泛的特点。一方面，对理想展开追求、对知识充满渴望以及才华显露；另一方面，又会受到年龄、阅历、知识储备等限制，而时有挫败感。因此，大家会发现，自己经常在热情洋溢、沾沾自喜和灰心丧气、沮丧不安的情绪之间来回跌宕，情绪波动强烈，思维也容易偏激和片面化。受到父母指责时，容易发生对抗，起冲突。

独立意识增强

青春期，我们希望能摆脱对父母的依赖，以宣告自己的独立。然而，许多父母尚未发现孩子的这一转变，仍然过多关心和干涉孩子的生活。这就导致了青少年的厌烦和愤怒，与父母之间爆发激烈的冲突。

对理解和尊重的需求

随着自我意识的迅速发展，青少年对尊重的需求日益强烈，尤其是来自父母的尊重。因此，我们会“很介意”父母讲话的态度和语气，有时为了避免面对父母的管教和责骂，会选择直接拒绝沟通交流，使得亲子关系僵化。

了解了青春期的主要心理特点后，接下来我们可以来做这样一个小练习。试着思考一下用三个词来描述一下自己。同样地，我们再邀请爸爸妈妈用三个词来描述一下自己。你的描述和爸爸妈妈的描述是一样的吗？如果不一样，可以针对这方面一起探讨一下，向爸爸妈妈解释为什么你觉得是这样的，也听听爸爸妈妈的想法。是时候更新爸爸妈妈对我们的认识了！

争做情绪的主人

我们已经了解到青春期的一些变化，现在，大家要学会通过一些有效的办法管理自己的情绪，更好地与父母相处，并促进自己心灵的成长。

青少年愤怒时，往往无法很好地控制情绪。那么有哪些小技巧可以帮助有效缓解突然性的、爆发性的情绪呢？要知道我们的身体和心理是一个不可分割的整体，两者之间会相互影响，或许可以从生理上来缓解冲动。一起来试试吧！

小贴士

这是一张让你开心的表，可以有意识地每天从列表里选择一件事情去完成，并全心全意地去感受这件事情，以持续积累积极情绪。当然，表格只列举了部分愉快事件，大家可以补充属于自己的愉快事件。适合自己的才是最好的！

愉快事件表

写日记	跳舞	看电影	慢跑
听音乐	认识新的朋友	晒太阳	参加聚会
存钱	回忆美好的场景	练习瑜伽	收集旧物
运动锻炼	画画涂鸦	游泳	玩游戏
买一束鲜花	睡觉	弹奏乐器	找朋友聊天
小憩一下	烹饪美食	做手工艺术品	写作
买新衣服	出去吃饭	看演出/音乐会	做白日梦
买书	看小说	到公园里散步	看电视
上网	拍照/自拍	想愉快的事	实现小目标
打扫家里/房间	阅读书籍	玩棋盘游戏	打扮自己
参观博物馆	幻想未来	做一次深呼吸	想你爱的人
制订学习计划	阅读杂志	倾听他人说话	吃可口的食物
看以前的照片	去商场抓娃娃	回想童年趣事	做新的事情
玩拼图	给别人惊喜	穿上最喜欢的衣服	想朋友的优点
换一个发型	闻喜欢的味道	制作小礼物	解决智力谜题
照顾我的宠物	做志愿者	和朋友吃饭	去图书馆
去逛街	聆听自然之声	看月亮/星星	参加团体活动
看漫画/喜剧	列近期任务表	整理/装饰房间	洗个热水澡
学习一门外语	煲电话粥	想自己的优点	制作黏土/陶瓷
收集自己喜欢的物品	回想今天已经完成的任务	和好朋友一起度过晚上	回忆和好友在一起的时光
告诉自己"我已经做得很好了"	总结自己最近的进步	给自己买一些小东西	对自己说"我可以一个人应付"
……	……	……	……

用冷水给脸降温

这是一种模拟“潜水反应”的方法。屏住呼吸，将脸埋进一盆10℃左右的冷水里，或把装满冷水的密封袋放在眼睛或脸颊上，保持30秒。此时，我们的心率会变慢，血液重新流回大脑和心脏。这个方法起效快，并能有效帮助大家管理情绪。

高强度运动

通过高强度运动例如跑步、快走、打篮球等来消耗身体存储的能量，可有效平复我们被情绪刺激的身体，可使消极情绪（例如愤怒、悲伤等）得到有效宣泄和排解。

调节呼吸

将空气深深吸入腹部，放慢吸气和呼气的节奏（平均每分钟5～6次呼吸），并以比吸气更慢的速度呼气（例如，5秒吸气7秒呼气）。这就是我们经常所说的“深呼吸法”。虽然看似简单，但在冲动和愤怒的时候，能够想起做几个深呼吸使自己平静下来也绝非易事。

给父母沟通的机会

青少年常常埋怨父母不理解自己，都说“三年一代沟”，好像理所当然地认为父母和孩子就不属于同一个世界。但是事实果真如此吗？也许有可能是我们和父母之间的信息不对称，缺乏沟通所致。试着想想下面这几个问题：你觉得爸爸妈妈最关心你的哪些方面？你希望爸爸妈妈能够关心你的哪些方面？你觉得和爸爸妈妈的相处中有哪些问题？针对这些问题，你希望爸爸妈妈可以怎么做？先自己想一想，可以的话也跟父母沟通交流一下上述问题的答案。有时，我们需要勇敢地说出自己的想法！

虽然我们可以看到和父母之间存在着一些沟通上的问题，但不能否认的是父母对我们以及我们对父母最真挚的爱。出生的那一刻，满心欢喜迎接我们的便是父母。家庭是出生后首先接触到的环境，是通往社会生活的"第一座桥梁"。随着成长，青少年的心灵不断丰富，自我意识不断增强。在青春期，我们逐渐脱离对父母的完全依赖，发展出独立的自我。然而，父母可能尚未察觉到这些改变，仍用以前的方式照顾我们，反而引起了我们的不适和反感。这时，大家不应该"硬碰硬"，或"非暴力不合作"，要给父母一个机会，一个学习更好地爱我们的机会。如前面所说的，这时的我们在心理上处于一种非常不稳定、不平衡的状态，常出现心理矛盾和心理冲突，是心理问题的高发期。因此，我们也需要父母的支持和帮助，这是成长道路上永恒的力量。

下面有一些与父母沟通交流的小技巧，可以帮助大家更有效地与父母沟通交流。只有通过双方的共同努力，才能促进亲子关系的良性循环。

主动交流

要知道，爸爸妈妈总是希望能够知道发生在我们身上大大小小的事情，于是便用"唠叨"的形式来表达关心。因此，主动与家人分享日常，不仅可以减少父母的"唠叨"，还能有效促进亲子关系。每天找一点时间比如晚饭前后，哪怕只有五分钟，和父母主动分享自己在学校遇到的高兴或不高兴的事，让他们知道你的喜怒哀乐。

创造机会

可以和爸妈约定每周的某个时间，一起完成一件事，比如做饭、田里的劳动、打球、逛街、看电视。一家人共同完成一件事情的时候，可以创造深入交流的机会。

认真聆听

当被父母批评或责骂时，不要着急反驳，试着先听完他们的想法，说不定会了解父母发脾气背后的原因。我们常常埋怨父母从不认真倾听我们的想法，那就给他们树立一个良好的"榜样"吧！

主动道歉

如果我们的确犯了错，不要逃避和沉默，学会主动道歉。正视自己的错误和不足，并勇敢地承担责任才是成长的标志。相信这样做更能取得父母的理解和赞赏。

善于体谅

有时，父母责备我们时，大家感到委屈，但尝试先不要去争辩。换位思考一下，也许是父母过于劳累，或工作生活中遇到了麻烦。暂时离开，给他们时间冷静一下，之后再沟通。既然我们已经成长为一个小大人了，也可以学着照顾父母，给予他们多一点谅解和爱。

控制情绪

与父母沟通不良时，不随意发脾气、顶嘴。可尝试我们才学到“改变身体化学反应”的小技巧，去用凉水洗把脸，再做几次深呼吸。也可以回自己房间，把想法写在一张小便签上。也许在写的过程中，可以更全面地看到整件事情。在梳理自己想法的过程中，情绪也能慢慢平复下来。

承担责任

在做好自己事情的同时，主动分担家庭责任，做一些力所能及的小事，比如洗碗、倒垃圾、拖地等。既培养了自己的生活能力，还能促进家庭关系的和谐。

讨论问题，达成一致

长大之后，我们更喜欢将事情埋藏在心里。然而，缺乏沟通和交流往往就是亲子关系问题的核心，很多误解也由此而生。因此，在一些重要事情上，学会与父母讨论，并就如何行动达成一致的意见。有效的沟通能解决我们生活中遇到的绝大多数问题和分歧。

主动交流是我们向父母敞开的第一扇大门，也是构建良好亲子关系的关键。今天就请行动起来，选择一个合适的时间，可以是在放学后，或者是在晚饭前后，主动和父母分享一件事，看看爸爸妈妈会如何回应，你又有怎样的感受。同时，你可以选择继续跟爸爸妈妈分享你的感受，并告诉他们你希望他们怎样做。相信爸爸妈妈也希望可以更加地了解你，并且以更好的方式来爱你。

给安琪爸爸妈妈的攻略

请问,前面的文字爸爸妈妈看了吗?如果没看,一定要看,如果已经看了,就让我们继续吧。

和青春期的孩子“和平相处”

要和青春期的孩子“和平相处”,请先足够了解他们。青春期,人类希望享受、追求满足的那部分大脑提前发达起来,但是控制情绪的那部分大脑还不够完善。就如同我们在本章开头安琪家的故事中所看到的那样,很多孩子到了青春期的家庭会遇到同样的场景:父母埋怨孩子的叛逆、不懂事,孩子又愤怒于父母对自己的控制和缺乏尊重。在之前的内容里,我们已经了解到孩子们在青春期渐渐将自己视为一个独立的个体,而不再是那个需要父母精心呵护的小孩子。此时,他们最突出的特点是对独立和个人隐私的强烈需求。在这一阶段,青少年和父母之间的角色关系发生了变化,对尊重的需求陡然增加。调查显示,中学生对父母最不能容忍的就是唠唠叨叨,其次便是对自己的过多管束。

青春期是人生的必经阶段,应给予足够的理解和接纳,并积极寻找应对和改变的方法。要和青春期的孩子“和平相处”,家长朋友必须有以下两点认知。

第一,孩子此时非常需要你。每次提到这一点时,爸爸妈妈都会反驳:“不可能,他们一直在挑衅,并不需要我们!”今天,请大家一定要记住,孩子正在通过这种反抗、反驳、不合作的方式作试探,因为他们想知道到底父母亲能够支持和接纳自己到什么程度。在儿童时代,孩子们大部分时间和父母在一起。随着身体的发育,他们发现自己必须长大,并有可能要离开家。此时,恐慌感油然而生,因为他们面临着总有一天无法得到父母的支持和帮助了。于是他们开始试探,很多青少年表现出抗拒,其实他们很“弱小”、很“忐忑”,他们非常需要父母的认可和承诺。

第二,自己的"角色"发生了变化。大家一定很疑惑吧,家庭中还有角色?当然有。在孩子们的儿童期,父母的角色是"交警",只要站在路中央,就能指挥所有交通,几乎掌控了孩子生活的每一个细节。当孩子进入青春期以后,你们拥有了新角色——"教练",帮助孩子为将来的独立和成功做好准备。所以,儿少心理学家经常对前来咨询的父母说:"青春期,你要么控制孩子,要么帮助他们成长,但是鱼和熊掌不能兼得!"相信大家都明白,教练是不能替代队员上场比赛的。所以,我们要重新接纳自己"教练"的角色。

"教练"的权威性和特质

大家可以回忆一下,孩子是否会和你们分享学习和生活中的困惑,而且对你们的建议会听取和采纳。如果有,必须点赞,这就是父母权威性的表现。说得更简单一些就是,你说的话得到孩子认可。

"教练"具有三个很重要的特质

这三个特质分别是:关注个性,而不是只盯着结果;主动和孩子讨论一些重大失败;用价值观引导孩子,而不是负面情绪影响孩子。

首先,当父母的眼睛只盯着结果时,不难想象,家里矛盾会不断激化。孩子很委屈,会抱怨自己只是考试机器。所以优秀的父母更看重孩子的特质,会引导他们发挥所长。

其次,父母可以经常和孩子聊聊重大失败,比如裸聊、赌博、涉毒等。有一句话说得好:"有备无患",经常讨论能让孩子了解这些事情确确实实会发生在我们周围,防止孩子跌入毁灭性失败中。

再次,很多家长教育孩子,都是在用情绪管理。大家再回忆一下,有没有冲着孩子发脾气,摔东西,甚至说"我不管你了"?看吧,这些都是负面情绪表达。如果你连自己的情绪都控制不了,怎能要求你的孩子做到事事听话?要知道负面情绪是无法传递正确理念的,只能传递更糟糕的情绪。以至于,孩子在你身上没有学到任何价值观和解决问题的方法,学到的就是如何悲伤、愤怒、发脾气、暴力。

三招把“角色”演好：多排练、多讨论和多放手

你可以设定一些问题，询问孩子该怎么办，适时分享一些成功的经验给他们。当发生事情时不回避，开展评价和讨论，总结经验。当孩子去实践时，要放手，不要过多干预。要记得自己的身份是教练，比赛得人家打。遭遇失败很正常，重要的是总结学到了什么。父母永远无法代替孩子去生活，但能够帮助孩子鼓起勇敢面对生活的勇气。再送大家一句话“该走的弯路还得走，累了才知道这是弯路；该掉的坑还得掉，疼了才知道以后要防范”。

亲子沟通中的常见问题

前面提到，父母在和青春期孩子交流的时候，往往会用情绪和感性做表达。这就存在亲子沟通的问题了。所以，敲黑板啦！家长一定要了解亲子沟通，并学习一些技能。

专家认为，青春期亲子沟通主要存在沟通内容、沟通形式和沟通效果三个方面的问题。

沟通内容单一

研究表明学习问题占据父母与孩子沟通内容的主要方面。父母发起的沟通中，关注“学业成绩”“学习勤奋程度”的内容占多数，话题单一，易引起青春期孩子的反感和对立。据统计，我国家庭亲子之间经常谈话的仅为50.8%，并且其中77.9%是谈孩子的学习。对很多青少年来说，父母的关注和自己的需求不对等是一个常见现象，并由此引发出对父母的不满和埋怨，与父母的距离越来越远。

沟通方式单一

一个有趣的现象，父母与孩子最常见的沟通方式是“唠叨”。父母对孩子不同状态下的需要不了解，只要有机会，便一厢情愿地向孩子反复诉说自己认为重要的事。而唠叨中常带有指责和批评，甚至是讽刺和抱怨，没有明确的目的和要求，往往是看到什么说什么，想到哪说到哪，让孩子产生抵触情绪。青少年表现出厌烦，而父母则认为孩子不明白自己的一片苦心。就这样，双方的矛盾愈演愈烈，亲子关系也越发疏离。

沟通效果不佳

前面我们提到，随着心理的发展，青少年的情绪和思维逐渐内隐，对父母的依赖也渐渐减少。同时，由于父母对孩子生活的"过多侵入"，以及使用不正确的方式进行交流，反而促使了孩子的拒绝和退缩。因此在很多家庭中，青少年拒绝沟通或者消极应付父母发起的沟通。在这样的状况下，孩子们会十分依赖友谊，希望获得同龄人的认可和喜爱，因此会投入大量的时间和精力到与朋友的沟通交流中。和朋友有说不完的话，打电话或网聊好几个小时，却只愿用"嗯、啊"等只言片语来应付父母，甚至完全拒绝与父母沟通。大家想想，孩子有没有回到家后，常把自己的房门一关，竖起与父母交流的屏障？不是他们变得内向了，而是他们不愿意沟通。

四件事做好亲子沟通

据此，想做好青春期的亲子沟通，父母必须做好四件事——客观描述、温和表达、换位思考和保持尊重。

客观描述

试着在表达自己的情绪之前，客观描述想讨论的事情。例如"一周七天，几乎每个早晨都是我在提醒你起床，这样并不利于好习惯的培养，是否设定一个闹钟更好一些?"而不是"反正每天都是我叫你起床，你一点自律性都没有，以后怎么办!"

温和表达

如果不说出来，别人是永远不会知道你的感受的。不要设想孩子能知道和理解你的感受、你想要什么。所以可以试着温和地直接告诉孩子："你每次同学聚会晚回家，我都会担心你的安全，我们能不能约定一个回家的时间呢?”而不是:“你看看你,每次都这么晚回来,一点都不听话! 外面这么好,你还回家做什么?!”

换位思考

从对方的角度看待同一件事情,也许会让大家有不一样的感受,然后用言语和行动表达你对孩子的理解。例如可以和孩子说“我知道你对我限制你玩手机很生气,我也能理解网络世界的奇妙。”而不是“你知道吗? 手机和网络游戏废了一代人!”当你试着去理解孩子时,他们也会平静地去理解你,后面的沟通才会是有效的。

保持尊重

保持对孩子的尊重也就是对自己的尊重。请停止攻击,不管是言语上还是肢体上;请停止威胁,如果你想表达痛苦,不夸大地去描述它,而不是使用操纵性的话语,比如“你要是不……我就……”;请停止嘲笑、说反话、摔门,或责备孩子“你太蠢了”“早知道这个结果,你早干什么去了”等,因为这些并不能对亲子沟通有任何帮助。家长们,要想建立良好的亲子关系,必须平等地对待孩子,请放低你们的姿态,用平常心去触摸孩子,用尊重的态度去做交流,爱的力量才会流动起来。

除此之外,更重要的一点是,家长需要保持谦虚的态度,不断学习。几乎每次提到这一点的时候,家长都会诧异:我是成年人,我有聪慧的大脑、优越的环境、满足的收入,我还要学习?

要,当然要,而且一定要!

大家听说过一个词“傲慢的成年人”吗? 说的是父母在孩子面前永远是对的,是不可能犯错误的。在这样的家庭中,父母高高在上,采取“中央集权制”。有趣的是,这是很多叛逆家庭共同的特点。但是,家长们,你们可以有另一个选项:我不可能一直是对的,我也会犯错,但这很正常,因为我有盲点和弱点,所以有时我需要帮助和学习。夫妻之间会有求助,父母也会向孩子求助。同样,秉持这条理念的家庭,夫妻之间会相互学习,取长补短,父母也会向孩子学习,与时俱进。

亲子沟通中的参考话题

所以，亲爱的家长们，现在让我们再一起来了解和学习下面的几个话题吧。

常见的四种陷阱

第一种陷阱是指父母认为必须被大家认可的才是最好的，孩子必须赢，这就导致了攀比，出现了"内卷"。孩子很痛恨父母口中的"别人家的孩子"，对自己失去信心。

第二种陷阱很好理解，就是父母想控制孩子的每一个细节，结果，要么使得孩子过度依赖，要么持续反抗。

第三种陷阱是父母不想做任何费脑筋或困难的事，也就是对孩子不管不问。

第四种陷阱是指父母一味地认可，忽视或从来不去触碰孩子的错误。要知道，爱是需要规矩的。没有规矩，孩子即便能知道自己和别人不一样，也不知道该怎么面对社会，他会恐慌。因此，家长需要给孩子积极的纪律和人生观，这就是"温柔但是有边界"。

给男孩阳光教育

第一个阳光教育是规则教育。要告诉小伙子不管做什么事，都要思考一下最坏的结局，如果能接受，就可以试一试。

第二个阳光教育是冒险教育，这个教育是在规则教育的前提下进行的。鼓励小伙子们去努力尝试。缺乏冒险精神的孩子，往往既性格懦弱，又不善创新。

第三个阳光教育是挫折教育。很多时候，生活中打倒我们的并不是挫折，而是面对挫折时的消极回避的态度，所以请告诉孩子要学会把遇到的挫折转化成学习机会。当一扇门关了，另一扇门会打开，或自己去打开那扇关闭的门。

第四个阳光教育是独立教育，请记住，教育孩子独立，胜过当第一。

给女孩底线教育

第一条底线是身体底线，作为父母，一定要告诫女儿“不要为任何事情出卖和伤害自己的身体”。

第二条底线是生活底线，让姑娘们了解“经济独立的女人，是最有尊严的女人”。

第三条底线是感情底线，不要在一个不爱你的人身上浪费时间，因为你永远无法感动一个不爱你的人。

第四条底线也是最重要的生命底线，告诉孩子，每个人的一生中，难免遇到伤心事，但不管多伤心，都不要选择终结生命，因为生命的利益高于一切。

要与孩子谈爱和性

早恋恐怕是令所有家长头疼的事了。扪心自问，大家是否总是带着成年人的偏见，认为小孩子不懂得爱，更把早恋看成是会影响孩子学习生活，甚至会影响他们成长，促使走上歪路的洪水猛兽。更多的时候，家长们会把“长大就知道了”等同于“长大了才可以知道”。因此，在没有长大的时候，任何有关爱的萌芽都会被掐灭。可是，爱和被爱，同样是需要从小学习培养的一种能力，是健康人格养成的一部分。所以，请不要鄙视和否定孩子们懵懂的感情，正确探讨和引导才是正道。

性教育更是如此。我们从小很少接受性教育，任何关于性的话题只能私下说，而当这些事物正大光明地展现出来时，有人惊异，有人鄙视，有人反感。结果呢？不了解性知识，莽莽撞撞地“偷吃禁果”的孩子不在少数，最后酿成悲剧的也大有人在，又或者甚至被性侵了都不知道。悲伤吗？当然悲伤！后悔吗？当然后悔！所以，亲爱的家长们，请不要回避和孩子讨论爱与性的话题。相反，需要给他们相关知识的科普，例如生理健康知识、自我保护意识、避孕意识等。真希望有一天当孩子好奇地询问“妈妈，我是从哪儿来的呀？”时，妈妈们不再说出“是从垃圾堆里捡来的”这样的玩笑，更不再杜撰“从胳肢窝、肚脐眼里蹦出来”这样的神话。

后　记

经过几次积极参与训练营项目以及认真完成训练师布置的家庭作业后，安琪和爸爸妈妈都学到了很多新的有关青春期的知识和沟通技巧，亲子关系有了显著的改善，家庭氛围也变得融洽了许多。爸爸妈妈开始更加关心安琪的情绪，愿意倾听她的想法。神奇的是，当爸爸妈妈的唠叨变少了之后，安琪反而更加愿意主动跟他们分享自己的事情了。看，事情慢慢朝好的方向发展着……

家庭是每个人最温暖的港湾。无论孩子多大，在父母眼里，他们都是那个需要被照顾的小孩。父母对孩子的爱是世上最真挚的爱。也许，在成长过程中，父母没能敏锐地察觉到孩子在心理需求上的变化，不恰当的亲子相处方式让青少年和父母的矛盾越来越大。不仅父母要作出改变，青少年们也可以通过各种方法，改善自己和父母之间的关系，创造出更加和谐和温暖的家庭氛围。

享受充满友情的校园时光

拒绝去上学的晓颖

“我再也不要上学啦!”晓颖愤怒地对着父母吼道,转身锁上了自己的房门。躺在床上,眼泪不争气地流了下来。

晓颖之前一直跟爷爷奶奶在农村生活。为了接受更好的教育,几个月前父母把晓颖接到城里,给她找了一个新学校。怀着憧憬,晓颖忐忑又兴奋地开始了新的校园生活。

“你知道自己基础差,就不能努力一点吗?这些题都讲了很多遍了,还不会吗?”老师一脸严肃地盯着晓颖,“如果你跟不上的话,我可能要请家长了!”因为之前学校的课程和现在的课程进度差太多,晓颖学得很吃力,这让内向的晓颖更加沉默寡言,慢慢变得有些自卑。

晓颖的同桌是个男孩子,跟个“皮猴子”一样,上课搞小动作,下课欺负同学都是家常便饭。“胖猪、丑八怪”,这个班级里的调皮鬼给新来的晓颖取了好几个外号,还跟其他同学说晓颖是农村来的,又穷又脏。面对新同学的“恶意”,晓颖觉得自己跟新班级格格不入,感觉连怎么交朋友都不会了。

闷闷不乐的晓颖引起了父母的注意,带着晓颖去学校跟老师了解情况。但在得知事情的原委后，老师和父母却给出了一致的回答：同学是没有恶意的，多跟同学交朋友，找找自己的原因，在学习上多用点时间。

得不到老师和父母的支持，晓颖变得更加沉默寡言，不愿与人交往。在一次考试成绩不理想被父母唠叨后，晓颖终于爆发了，于是发生了一开始的那一幕。

听完了晓颖和他父母的陈述，青春期家庭训练营的医生说道："我明白你们来训练营的目的了。晓颖面对的问题是很多青春期孩子都会经历的。在训练营里，我们会给出一些建议和指导，希望晓颖和爸爸妈妈能努力去接受这些知识，并作出改变。这样的话，我有信心在训练营结束时，晓颖可以学会面对现在的处境，交到好朋友，享受属于自己的、美好的校园生活。"就这样，晓颖一家开始了学习和练习。

给晓颖和小伙伴们的攻略

就像晓颖一样，青春期的少年总是会有一些小烦恼，与同学之间出现误会和摩擦，被同学欺负，还有对老师的抵触和敬畏。我们常常为此而忧心，担心被同学孤立，害怕再被欺凌，也担心失去老师的关注。

每到这个时候，很想有个人能告诉我们，该如何处理与同伴之间的关系，怎么去面对不喜欢的老师。

性急的小伙伴，可以跳到第 36 页，先做小测试，看看自己的同伴关系怎么样。

什么是同伴关系

青少年在进入校园之后，社会关系和儿童时期已经有了很大的差别，开始尝试更多地与周围同伴交往，而对父母的依赖逐渐减少。所以，对青春期的少年来说，同伴之间的关系在日常生活中有着极其重要的地位。那同伴关系会对青春期有什么影响呢？什么是不良的同伴关系？该如何与同学相处呢？

同伴关系是由年龄相近、志趣相投、关系融洽、地位平等的同辈群体自发形成的心理依赖关系。同辈群体以他们共有的价值观、行为方式建立自己独特的亚文化群，满足青少年的游戏、友谊、安全、自尊、认同等多方面的需要，对青少年价值观和行为方式形成具有潜移默化的影响。

对自我意识、自我价值的影响

青春期是儿童向成年人发展的过渡时期，这个时期的青少年内心世界越来越丰富，内心常常萦绕着关于“我”的问题，比如“我是一个怎么样的人”“别人对我的印象是怎样的”。青春期正是喜欢做梦的年纪，青少年喜欢沉浸在自我的世界里，但又对周围人的评价高度敏感，害怕做错事情、别人否定自己，容易产生强烈的挫败感。良好的同伴关系可以相互支持，相互鼓励，形成良好的个人价值观。而不良的同伴关系则会加深青少年的自卑感，认为自己什么也做不好。为了引起别人的注意，他们会故意做一些坏行为，比如不认真听讲、搞小动作、与老师“唱反调”等，形成恶性循环，产生错误、负面的自我意识。

对情绪的影响

进入青春期的青少年阳光无畏，朝气蓬勃，看起来似乎无忧无虑，实际上他们经常会有自己的小情绪。当和朋友发生矛盾，或者被同伴排斥，青少年很容易产生不被接受和疏离的感觉，也会让青少年变得不自信。而不自信又让青少年难以被周围的同学们所接纳，进一步影响同伴关系。相反，拥有良好的同伴关系则会让青少年相互关怀，彼此尊重，消除生活、学习中产生的消极情绪。

对行为方式的影响

青少年之间的同辈群体会有趋同性，就像几个关系很好的同学会在待人接物的方式、说话的语气用词、衣着打扮方面相互模仿，有时候还会故意穿一样的衣服彰显友情。青少年对于社会道德规范、行为准则的学习一方面来自老师和父母的引导；另一方面则来自同伴群体成员之间彼此行为的模仿，以此为基础形成自己独有的行为方式。

对社会适应的影响

青春期是成年的前哨站。在步入社会之前，同辈群体给我们掌握社交能力、确定社会角色提供了舞台——口才好的是群体里的沟通者，勇于承担责任的是群体中的领导者。而不良的同伴关系，则会限制青少年培养良好沟通能力，在社交过程中退缩不前、不敢参加或是以自我为中心、蛮横霸道、不肯和别人合作等，造成社会适应不良。

小测试

请你说出最好朋友的名字，然后按照目前与朋友的关系，对描述的符合程度打分。1分为完全不同意，5分为完全同意。以所有项目的平均分作为测量分数，得分越高，表示友谊质量越高，同伴关系更亲密。

同伴关系怎么样

题目	完全不同意	不太同意	有点同意	比较同意	完全同意	得分
1. 任何时候，只要有机会我们总是坐在一起	1	2	3	4	5	
2. 我们常常相互鼓励	1	2	3	4	5	
3. 他告诉我，我很能干	1	2	3	4	5	
4. 朋友和我使对方觉得自己很重要、很特别	1	2	3	4	5	
5. 当做事情时，我们总把对方作为同伴	1	2	3	4	5	
6. 如果我们相互生气，会在一起商量如何使大家都消气	1	2	3	4	5	
7. 我们总在一起讨论我们所遇到的问题	1	2	3	4	5	
8. 朋友让我觉得自己的想法很好	1	2	3	4	5	

（续表）

题目	完全不同意	不太同意	有点同意	比较同意	完全同意	得分
9. 当我遇到生气的事情时，我会告诉他	1	2	3	4	5	
10. 我们很少争论	1	2	3	4	5	
11. 朋友和我在课间总是一起玩	1	2	3	4	5	
12. 朋友常给我一些解决问题的建议	1	2	3	4	5	
13. 我们一起谈论使我们感到难过的事	1	2	3	4	5	
14. 我们发生争论时，很容易和解	1	2	3	4	5	
15. 我们基本不会打架	1	2	3	4	5	
16. 他常常帮助我，所以我能更快完成任务	1	2	3	4	5	
17. 我们能很快停止争吵	1	2	3	4	5	
18. 我们做作业时常常互相帮助	1	2	3	4	5	

总分：________

如何改善同伴关系

改善同伴关系，我们首先需要学习积极的情感表达。

建立良好的同伴关系需要学习初步的人际交往方式和策略。想要改善同伴关系，首先需要学习的就是表达积极的情感。在之前，青少年对同学的态度可能是畏缩的、恶作剧的、不合作的，这些都是消极的情感表达，并不会让同伴接纳你，只会让他们不断地拒绝你。我们可以尝试用下面的几个问题来指导自己对同伴的行为：

1. 我现在的做法是否会令对方感到生气(或难过)?

2. 如果别人这样对我,我是否会生气(或难过)?

3. 当别人生气(或难过)时,我愿意去安慰(或照顾)他吗?

此外,还应积极参与班级活动,可以跟同学有更多的互动机会。在与其他同学交往的过程中,可以学习和模仿他们的社交技巧。另外,通过参加班级活动和兴趣班,可以找到与自己志同道合的伙伴,也更容易被群体所接纳。

需要学习的社交能力有:①与同学之间的合作能力;②当遇到不同意见时,协商处理分歧的能力;③抑制自己的不合理行为的能力;④学会承担群体中一定的角色和责任,以达到团队目标,提升自信心。

最后,要培养广泛的兴趣爱好,提升自我能力。同辈群体是基于共同的兴趣爱好组织在一起的。培养广泛的兴趣爱好,不仅可以让我们更快地找到志趣相投的朋友,也可以辨别恶趣味,远离低质量的同辈群体,避免加入染有不良习气的群体,产生错误的价值观。

为什么我会被欺凌

通过前面的知识,我们知道了什么是同伴关系,也知道了如何去建立良好的同伴关系。但有的小伙伴说,我不喜欢上学不是因为我没有朋友,而是因为总有人欺负我,为什么我总是会被欺凌?

性急的小伙伴,可以跳到第40页,先看被欺凌者的特征。

校园欺凌的成因

青少年生理和心理的不成熟:青少年心理不成熟,容易受到周围环境的影响,会出现一些模仿不良社会现象的行为。此外,青少年比较情绪化,容易将不良情绪带到日常的为人处世中,在外界的刺激下做出一些自认为很成人化的行为,给校园欺凌埋下隐患。

家长的关爱、监管缺失:青春期的孩子需要家长的关心和指引,但很多家长忙于事业,认为只要给孩子物质基础就足够了。然而,物质的充足不能满足孩子的情感需要。当他们得不到关注的时候,往往会认为只有自己惹了麻烦才能让父母注意到自己。此外，父母的监管不到位，忽略孩子沾染了社会不良风气，偏离了正常的生活轨道。这样的孩子更容易产生欺凌行为或者被欺凌。

学校对于孩子的身心健康关注度不够：在应试教育的背景下，很多学校只关注学习成绩，而对青少年的身心健康关注度不够。比如学生在校园中发生纠纷，学校和老师一般会认为问题不严重，或者“和稀泥”，或者“各打三十大板”，或者息事宁人。这样的行为忽视了学生的身心创伤，反而会加重施暴者的嚣张气焰。

小测试

我们现在做个小测试，看看自己的自尊心有多强。

自尊心有多强

题目	非常符合	符合	不符合	非常不符合	得分
1. 我感到自己是个有价值的人，至少与其他人在同一水平上	4	3	2	1	
2. 我感到自己有很多好的品质	4	3	2	1	
3. 归根结底，我倾向于自己是一个失败者	1	2	3	4	
4. 我能像大多数人一样把事情做好	4	3	2	1	
5. 我感到自己值得自豪的地方不多	1	2	3	4	
6. 我对自己持肯定态度	4	3	2	1	
7. 总的来说，我对自己是满意的	4	3	2	1	
8. 我希望能赢得更多的尊重	4	3	2	1	
9. 我时常感到自己毫无用处	1	2	3	4	
10. 我时常觉得自己一无是处	1	2	3	4	

总分：________

33分以上：自尊程度高，可以很好地肯定自己，接纳自己；

26～32分：自尊程度一般，多数能肯定自己，但有时会缺乏自信；

25分以下：自尊程度低，多数处于否定自己的状态，需要努力发展自尊。

欺凌者和被欺凌者

那欺凌者和被欺凌者有什么样的特点呢？让我们看看欺凌者和被欺凌者的心理特点。

欺凌者：①较低的移情能力：欺凌者在欺凌过程中，缺乏同情心，很难感同身受到自身行为会给受欺凌者带来的消极情绪体验；②冲动、自我的性格特点：欺凌者比较任性，急躁，行事冲动；③缺乏安全感：欺凌者在人际交往中时常感到不安，欺凌别人是为了使自己体验到控制感和安全感。

被欺凌者：①懦弱的处事风格：被欺凌者处理日常事务时经常是被动、消极、服从的；②缺乏自信：社交时会有焦虑，低自尊、低自信。

所以，欺凌者和被欺凌者都是心理上的失败者，都存在着低自尊。不同的是欺凌者为了避免尴尬和被嘲笑，容易实施暴力行为，以获得高自尊和高自我评价。被欺凌者的低自尊让其认为被欺负是自己的问题，因为害怕被指责，不敢告诉父母和老师，助长了欺凌者的气焰。

摆脱被欺凌的命运

改变错误的归因方式：我们需要达成一个共识——被欺凌并不是我们的错。成绩、性格、家庭条件这些东西不应该成为我们瞧不起自己的原因，更不该成为别人欺负我们的借口。

勇敢地对欺凌说“不”：面对欺凌，只有我们勇敢地说“不”，才能让欺凌者知难而退，才不会让他们肆无忌惮、反复欺凌。当我们的力量不够面对欺凌时，我们可以寻求父母和老师的帮助，他们是我们背后强大的支持。

建立良好的同伴关系：上面介绍过，建立良好的同伴关系可以让青少年有倾诉的渠道，保持良好的情绪。让同伴帮我们一起出谋划策，在这个过程中，既可以宣泄情绪，也能增进同伴之间的感情。另外，同伴的支持和鼓励可以提高青少年的自尊、自信，提升勇气。

“面子”与“权威”的碰撞

在校园里，和青少年朝夕相处的除了身边的同学以外，还有每天授课的老师。有些小伙伴也会遇到像晓颖一样的问题，不喜欢某个老师，甚至会与老师发生冲突，比如当面顶撞、拒绝上该老师的课等，反而影响了自己的学习成绩。

作为学生，从小被教育“尊师重教”；作为老师，教书育人、授业解惑。但目前师生之间存在着诸多矛盾表现，包括师生地位不平等、关系冷漠、语言冲突、行为对抗等。这两个本应相互成就的群体，为什么会产生矛盾呢？大概有以下几个原因：

不被学生喜欢的老师

有些老师受传统思想影响，认为学生应该无条件地服从老师，在处理一些班级事务、与学生沟通相处时，又缺乏技巧，不注意学生的感受，当着全班同学的面批评学生。

青春期的少年开始有了自我意识，一方面渴望得到老师和同学们的认同，极力维护自己的“面子”；另一方面，当自尊心被伤害之后，容易产生强烈的叛逆心理，对老师的权威发起挑战。

有些老师情绪不稳。要知道，没有学生喜欢一个情绪化的老师。总是“不高兴”或“暴脾气”的老师会影响学生在课堂上学习的积极性，影响学习效率。长此以往，自然会有同学对该老师不认同、不信任。

长期的应试教育，还使有些教师习惯于以学生的成绩作为评判标准，不够尊重学生的学习兴趣。为了提高学习成绩，有些老师会安排题海战术，耗尽了学生的学习兴趣，也容易造成师生矛盾。

不喜欢老师的学生

在很多学生眼里，老师应该是长者，就是比自己大很多的人，但现阶段很多学校有很多的年轻教师，与学生年龄差距并不是很大。这让很多学生对老师的能力产生了怀疑，不愿意听老师上课、对老师的教诲也嗤之以鼻。此外，还有很多学生会以老师的外貌作为评价标准，大部分漂亮的女老师容易得到学生的认可。但其他老师即使教学水平更高，如果没有与学生打成一片，也很难得到学生的认可，反而会产生很多的矛盾。

青春期的孩子们情感丰富、敏感脆弱，希望得到同辈群体的认同，有较强的自尊心。老师的批评或惩罚可能会让他们对自己产生怀疑，影响青少年的自尊心，与老师之间产生矛盾。

让师生关系和谐起来

知道了为什么会不喜欢老师，接下来就应该学习怎么样面对不喜欢的老师了。

相互交流：如果觉得老师的态度有问题，最好的解决方法就是交流。老师喜欢勤学好问的学生，不仅可以询问不理解的知识点，也可以询问自己对老师态度的困惑。相互交流可以让老师了解我们，让我们和老师之间多一些信任，少一些隔阂。也许在交流的过程中，就能发现老师的优点，开始认同他，理解他。

正确认识：应该对老师有合理的心理期望，不高看、不贬低，不过分渴求，也不过度期许，毕竟人无完人。另外，青少年也需要认识到批评和惩罚并不是在驳我们的"面子"。站在老师的角度，这些是纠正我们行为的手段，不应过度解读，也不要担心老师的批评会影响自己在同学心中的印象。

做好自己：如果老师不能更换，我们只能做好自己应该做的事情。青春期的少年有时会产生一种错觉——学习是为了老师或者父母而学，不喜欢老师就不学了。要知道，学习是理解这个世界、掌握这个世界的方式，是为了我们自己。

给晓颖爸爸妈妈的攻略

身为父母，你了解孩子在学校的生活吗？每天你会花多少时间和自己的孩子聊一聊他在家庭之外的经历和感受？他的朋友们怎么样，在人际关系中孩子曾遇到过哪些困难？了解这些问题对孩子的心身成长非常重要！

了解孩子在家庭之外的社会关系

可能很多家长和晓颖的父母一样，对于孩子在学校的学习状况了如指掌，但对于他们的人际交往情况却所知不多。其实在青春期心理发展中有一个非常重要的任务，就是人际关系的社会化发展。父母会发现孩子更喜欢和同学或朋友在一起，有什么心事和想法也更愿意与同龄人交流而非父母。他们从穿着、言谈、兴趣上刻意改变自己，让自己更容易在同伴中获得认可，并且逐渐在同伴中确立自身的关系和地位。因此这一阶段，同伴对青少年的心理成长影响要远高于父母。

青少年时期也是孩子逐步进行社会化的阶段，社会交往的需求会让他们渴望建立家庭之外的良好同伴关系，比如：同学、朋友、异性伙伴等等。父母要理解他们的人际发展需求，同时也要多与他们沟通，以便了解他们在家庭之外的各种人际关系，提供及时的支持和帮助。

加强沟通，了解孩子的社交情况

很多家长感觉到当孩子进入青春期后，就逐渐不愿意和父母交流了，而自己也可能因为工作忙碌等原因，忽略了解孩子在家庭外的人际交往情况，日积月累，亲子之间的关系就变得疏远而陌生。

其实这个时期孩子们的社交生活对于心理发展影响很大，他们渴望建立良好的同龄人关系，期待友好温暖的校园人际氛围；但同时也可能遇到不少人际上的问题，比如与老师冲突、校园欺凌、网络交友陷阱等。所以家长们需要了解孩子的社交情况，比如：每天花一点时间跟他谈谈学校里的生活，了解他的好朋友是谁，是否遇到了什么人际关系上的苦恼或危机？同时也要注意孩子的网络社交，比如手机社交媒体里的陌生人、游戏社区里关系紧密的人，并在需要的时候给予忠告或建议。

引导建立健康的同伴关系

同伴交往的问题有时会成为亲子矛盾的主题，有一些父母对孩子过度保护，会干涉子女结交一些自己不欣赏的同龄朋友，这可能会影响孩子自由发展自己的友谊。而另一些父母可能对孩子的交友态度又过分宽松，不了解或者不给予成熟的社交建议，导致子女可能结交到不良的朋友，或陷入人际交往的麻烦中。

因此，作为父母需要重视青少年的同伴选择，除了关注孩子的社交情况，也可以尽早帮助子女建立健康同伴关系的概念，比如和孩子讨论一下身边的同伴身上有哪些值得欣赏的品质、希望能够结交什么样的新朋友，以及父母自己在青春期时的交友经历或教训等等。这样可以让孩子独立思考，在潜移默化中帮助他们主动选择适合自己的朋友，对建立良好的同伴关系非常有帮助。

了解校园欺凌

校园欺凌是指学生相关人员在校园内外之间蓄意或恶意通过身体、语言或网络等手段实施欺负、侮辱，造成个体或群体身体伤害、财产损失或精神损害等事件。2019 年联合国教科文组织发布的《数字背后：结束学校暴力和欺凌》报告中显示，一个月内约有 32%的学生遭到至少一次的欺凌，其中约 33%是身体欺凌。

校园欺凌的常见形式

身体欺凌：包括拳打脚踢，掌掴拍打，推撞，拉扯头发，拍照羞辱，以及偷窃、敲诈、藏匿、破坏东西(衣服、教科书)等，这是相对比较常见且容易察觉的欺凌形式。

言语欺凌：嘲笑辱骂(包括长相外表、行为习惯、种族、经济情况、性别认同等)，取侮辱性绰号，恐吓威胁。

关系欺凌：孤立、排挤受欺凌者，散布谎言或谣言，胁迫受欺凌者做不想做的事情。

网络欺凌：在网络上发表传播不利言论、曝光隐私或恶搞受欺凌者的照片。

近些年我们也频频看到校园欺凌的相关新闻，并且大多令人触目惊心，其严重性需要引起社会各界特别是家长们的关注。目前一些国家已经采取了有效措施来控制校园欺凌行为，很多个国家和地区的总体校园欺凌现象减少了近50%。

延伸阅读

人际关系与原生家庭

人们的人际关系模式往往源于原生家庭的亲密关系模式，家长应以身作则建立良好的家庭关系，使用科学教育方式，远离暴力教育。同时帮助孩子了解欺凌事件中的三个角色："欺凌者""旁观者"和"受欺凌者"，并引导孩子拒绝成为任何一个角色。

欺凌是一种具有伤害性的不良人际模式，在欺凌事件中的角色往往包括：

欺凌者：因长期欺负别人，内心得到极大满足，往往缺少同情心。

旁观者：有时会因为无法帮助受害者而感到内疚不安。

受欺凌者：心理健康、生活质量、学业成绩均受到极大消极影响，严重者可能致死或自杀。

教育上的原则和措施

家长们可以从以下几个方面帮助或者预防和应对校园欺凌：

1. 以身作则：避免在家里对孩子、伴侣实施言语侮辱、身体暴力等行为，为孩子树立榜样。

2. 教育孩子不要欺凌他人：青少年心智尚未成熟，家长应教育孩子多从他人的角度感同身受，教导孩子欺凌可能对别人造成身体或心理伤害，欺凌他人要遭受惩罚甚至可能要承担法律后果。培养孩子的同理心和尊重意识。如果你的孩子已经对他人实施欺凌行为,要求他向被欺凌者道歉,并对其行为进行积极干预。

3. 教育孩子要保护自己:告知孩子如果受到欺负要报告老师和家长,使孩子相信大家一直在身后保护他。向孩子保证遭受欺凌不是他的错,并与学校老师沟通处理欺凌事件。

4. 教育孩子不做旁观者:培养孩子的道德意识和正义感,发现校园欺凌不做"旁观者",用适合的方式寻求资源帮助同学,共同营造良好的校园环境。

5. 了解孩子的校园生活:与老师建立联系,对孩子的困难及时作出回应,勿以"小事不值一提,你自己去解决"为借口而对孩子的困扰置之不理。

帮助孩子建立良好的社会支持系统

心理学对于社会支持系统的定义是指人们感受到的来自他人的关心和支持。现实生活中,可以把社会支持系统看做一个关系网,这个网里有所有与你生活相关的人和资源,能够持续不断地为你提供支持,特别是在你遇到困难和挫折的时候。

青少年们处于人生发展的特殊时期,他们在生活中所面临的心理冲突决定着他们在成长和发展的过程中需要更多的外在帮助,更需要建立一个完善的支持系统。青少年社会支持通常是由家庭、社区、学校(心理辅导老师、班主任或辅导员、任课教师)、班集体、同学朋友和学生社团组织等形成。

在青少年的成长环境中,构建有效的社会支持系统的根本在于将影响青少年心理健康发展的各种外部资源整合为一体。家长可以从家庭、学校、友伴和社会专业资源四个层面帮助青少年发展自身的支持系统。

强大的家庭支持

首先从家庭角度,家长可以帮助处于青春期的孩子建立和扩大一个安全稳定的支持系统。一项针对 12～18 岁青少年的研究表明:"在学校或家庭中有一个成年人给予他们关注,与他们谈论一天过得怎么样,他们的功课进展如何,注意到他们是否在学校有不愉快的事情发生,这都有助于防止相关风险行为，如吸烟、饮酒和无保护性行为等问题的发生。”

作为有更多社会经验的成年人，父母可以从一些实际的角度引导孩子构建支持系统，比如：了解孩子的兴趣爱好，然后鼓励他们参与相关活动，同时允许他们与有着相似兴趣的同龄人建立起联系，鼓励他们参加各类团体、夏令营或有共同兴趣的小集体。同时，在目前互联网社交普及的时代，父母还需要了解孩子的网络互动和在线人际交往情况，在必要的时候给予支持或监控。

与学校的沟通

青少年生活的另一个主要场所就是学校。在现阶段，我国青少年在校园的心理健康工作一般以中学班主任老师、大学辅导员、心理教师为主要力量开展。与此同时，学校还可以充分发挥青少年作为社会支持系统主体的作用，从科普教育和给学生赋能两个角度开展工作。

家长可以主动加强家校沟通，通过家委会、志愿者等方式主动参与到学校的心理健康宣传教育工作中，并结合家庭教育鼓励青少年开展心理社团、心理剧等活动，为孩子的健康校园生活赋能。

同伴的支持

同伴的支持在青少年时期对于心理的健康发展非常重要。青少年需要与同龄人建立友谊，以提供学习和实践社交技能、情感资源以及未来人际关系（包括恋爱关系）基础的机会。无论是学校里的同学还是生活中的同龄朋友，这些友伴群体直接影响着青少年们的学习、生活、价值观等方面，这种影响可能远远超出了父母及老师们的作用，直接影响着十几岁孩子们自我同一性的构建及社会化过程。

同时，友伴的支持还可以很好地帮助孩子应对各种情绪困扰。青春期是孩子们情绪发展的特殊时期，由于脑发育和心理发展的影响，这一时期的情绪既有可塑性，也充满了抑郁、焦虑、恐惧等负面的感受，这些负性情绪成为青少年的潜在危机。当受到负面情绪困扰时，青少年往往更趋向于向同龄的友伴倾诉，这时候同伴的陪伴、倾听和交流等，都可以很好地帮助他疏泄情绪并鼓励其寻求帮助，避免在遇到一些突发的事件时经历情绪的暴风骤雨。

专业资源

从家庭、学校和友伴三个层面有效利用社会支持系统，有利于做好青少年心理困扰或心理问题的及早发现和及早干预。但当青少年真的出现了心理障碍或精神疾病症状，就应该及时寻求社会专业资源的帮助，这也是青少年支持系统里十分重要的一部分。因此作为家长，当发现孩子面临严重心理问题甚至疾病时不能讳疾忌医，而是要尽快寻求专业资源的帮助，这些资源包括精神科医生、心理治疗师、学校心理教师、医务社工、心理咨询热线等。

后　记

晓颖和父母在训练营经历了一系列的学习项目、互动练习和家庭作业，渐渐地发现面临的困境开始有所改善。在学习了人际沟通的方式之后，晓颖通过合理表达情绪，交到了两个好朋友，和周围大多数同学也建立了良好的同伴关系。而父母在了解到女儿的社交困境后，敞开心扉和晓颖交谈了数次，给予她很多支持鼓励和处理问题的建议；同时也积极和晓颖的班主任及学校沟通，一起合作，减少校园欺凌事件的发生。

校园是儿童和青少年除家庭之外重要的学习和成长场所，社会、学校、家庭共同努力建立健康美好的校园环境，有利于孩子们身心健康发展。同学们学习科学的人际交往方式、合理交友、反对欺凌、遇到问题勇于寻求帮助，才能享受美好的校园时光。

爱的萌芽初长成

“粉红色的”雨诺和雨捷

一大早，雨诺家传出吵闹的声音，雨诺妈妈拿着雨诺的手机，冲着她喊道“这个男孩是谁？是你们班的吗？这么小就开始不学好，发这些暧昧短信做什么？你们交往了吗？有没有发生一些什么事情？你怎么不和妈妈说？你不好好读书却去谈恋爱，太让妈妈失望了……”床上的雨诺低着头、流着泪，一边不理解妈妈为什么发这么大火，一边想着要不要为自己的爱情奋力反抗一次。客厅传来雨诺爸爸打电话的声音：“喂？是雨诺的班主任苏老师吗？有个事情想向您反映一下，你们班级有个男孩子叫×聪吗？您知道他和我女儿在交往的事情吗？”听到这，雨诺突然冲出门，对着爸爸大喊：“你怎么可以和老师说？你凭什么这么做？你这样还让我怎么去班级里？你是让我去死啊……”

“我们都是为了你好啊……”

角落里，弟弟雨捷拿着同桌送的涂改液，忍不住一阵难受。昨天自己涂改液丢了，同桌送给了自己一个，因此雨捷高兴了一整天。但今天看着家里鸡飞狗跳的场景，再看看手里的涂改液，雨捷有想哭的冲动。自己也理解不了自己为什么想哭，总之就是好像失去了什么的感觉。

哭了好一会，早饭也没吃，雨诺和雨捷被爸爸妈妈带到了青春期家庭训练营目的地。今天是训练营开始的第一天，一见训练师的面，雨诺妈妈就迫不及待地说："你好，我女儿最近好像谈恋爱了，怎么办啊！那个男孩子要是欺负了她，我女儿以后的人生可怎么办啊？还这么小……"

"欢迎来到我们的训练营，你们是第四个到达的家庭"，接待员说，"我能感受到你的焦虑，也能感受到你有着急需要解决的问题，但还是请在这里稍等一下，一会儿训练师会对你们进行一个简短的访谈，评估一下家庭的情况。"雨诺一家被带到一个安静整洁的房间。

门被推开，一位和蔼优雅的女性走入房间："你们好，我是训练师。在正式进入训练营之前，我需要简单了解一下你们的家庭情况以及大家希望解决的问题，为之后的工作提供足够的背景资料。那我们现在就开始吧。"

"我现在最主要想让你们帮我劝劝我女儿，不要让她这么小就谈恋爱，现在小孩子懂什么啊。还有我儿子，我有一天偷看他日记，简直要崩溃了——我儿子说，他对自己的同桌有好感。我的天啊，他同桌是个男孩子啊……"房间里不断传来雨诺妈妈焦躁的声音，时不时夹杂着雨诺爸爸的补充声音。而旁边的雨诺倔强着一张小脸，眼泪慢慢流出来；雨捷则握着小拳头，红着脸，气呼呼地质问母亲怎么可以看自己的日记，吵闹一片。

训练师出声打断了他们："看来我们家庭里的确存在着一些需要解决的问题。这也正是大家来到青春期训练营的目的。在这个训练营里，希望你们能开放心态，接受一些自己不了解的，甚至与之前不同的观点，并在训练师指导下完成相应的课程和任务。我相信在训练营结束时，你们都能有所获得，这个关于青春期'喜欢和爱'的问题也能得到解决和理解。"

给雨诺、雨捷和小伙伴们的攻略

懵懂、好奇、甜蜜、担忧，每个人都经历过多彩的青春期，彩色的季节里总会或多或少有着名为"爱恋"的一种色彩，或是懵懂的，或是喜悦的，或是悲伤的，或是热烈的，或是平凡的……

有些是起源于对爱恋的好奇，有些是被动地被喜欢，继而懵懂恋爱，有些是发自内心的向往，而还有很多是经历过程中伴随着担忧，经历过后伴有着伤痛。这些都是人生中难得的珍贵回忆。

你的最初的爱恋是什么样子的？

小分享

大家来分享一下理想中的恋爱样子：

____

邀请爸爸妈妈来描述一下他们的相识、相恋：

____

爱“恋”和爱“练”

产生爱恋本身是件美好的事情，但爱恋发展过程的不同、经历的各异、结果的优劣，使得爱恋带来的后果不同。

什么叫好的爱恋

我们会本能地想到这样的美好场景：两个人甜甜蜜蜜，然后从校园到婚姻殿堂，从两个人到一家人，再携手看朝阳升起，看夕阳落山，雪地里走着走着一起白了头……

然而，这样美好的爱恋又有多少呢？在一位母亲写给“早恋”孩子的信中提及“有人做过这样的统计：初中生谈恋爱，成功的概率是 0.000 3，也就是 1 万个初中生谈恋爱，能成功的只有 3 个；高中生谈恋爱，成功的概率是 0.002，也就是 1 000 个高中生谈恋爱，成功的只有 2 个”。且不论这一数值的对错，但问及那些学哥学姐们，他们的周围有多少人能从初中、高中校园走到婚礼的殿堂，我想你们得到的答案大概和这个数值很相近。这不是让大家看到“爱恋”就像见了猛兽，想到小得可怜的携手白头的概率就退步，因为这会让青春期少了很多色彩。而是说，大家应该多思考爱恋能给你带来的利弊。好的爱恋无疑会让你成就更好的人生，让你变成更优秀的自己——因为想要追上那个喜欢的人儿的步伐，因为不想随着时间的流逝而无话可说，就努力地完善自己。这才是爱恋来了，我们应该做的。

重要的是，淡化"恋"，注重"练"。结果的好坏我们无法掌握，但过程的好坏我们可以调整。心跳的感觉来了，不要慌乱，不要惊恐，不用回避，不用担忧，正视它，感受它，期望从中收获更优秀的自己，而不是一头扎进爱河里、不管不顾，下降了成绩、"作"坏了身体、伤了爸妈的心，最终变得一无所有。当然，对学生族而言，青春期最重要的还是学业，因为它是让你未来人生变得更精彩的"敲门砖"，爱恋只是生活的"调味剂"，切勿让后者成了生活的"主旋律"。

谈恋爱带来的利与弊

任何一件事情都有两面性，就像一枚硬币有正反两面。谈恋爱同样有利与弊。

我们能想象到的好处可能包括：有人陪伴，可以一起吃饭、逛街、看书、写作业、打游戏；过生日和重要节日有人记得送你礼物，你也可以欣喜地准备一份礼物并享受准备的过程；有人可以炫耀，有人喜欢、有人追对很多人来说是件骄傲的事儿；最重要的是和自己欣赏的、心动的异性在一起本身就是件开心的事，淋雨都是幸福的……

谈恋爱带来的坏处：学校不让谈恋爱，被发现会受批评或处分；爸妈不让谈恋爱，被发现会挨骂；谈恋爱了会分散精力，会没心思上晚自习或者回家再学习一会，会想要和对方聊天；谈恋爱了可能会冷落之前关系好的姐妹和兄弟，让人际关系变得紧张；最重要也是最可怕的一点，青春期的少男少女会有些性冲动，一时做出无法挽回的事情，因为身体发育不成熟，而对身体造成严重伤害……

小分享

你觉得还有哪些恋爱的利与弊？

爸爸妈妈也来补充一下你最担心的孩子恋爱带来的坏处，同时也想三条恋爱的好处：

举个常见的疾病例子，宫颈炎是一种常见的妇科疾病，对很多女性来说都是噩梦般的存在，外阴瘙痒不适、灼热感、异味等是主要表现。研究发现，没有结婚的青春期少女患宫颈炎的概率并不低，这与过早的性经历和不洁的性过程有密切关系。

因此别让一时冲动毁了未来！回看雨诺爸妈对女儿恋爱的反应那么大，一是担心女儿会因此不用心读书、不认真学习而导致成绩下滑，继而导致考不上好的高中和大学，将来可能找不到心仪的工作；二就是担心女儿在青春期性冲动的驱使下，身心受伤。

“约会的底线”你知道吗

在谈恋爱的过程中，约会成了浪漫的代名词。当爱恋的“甜蜜素”满布大脑时，当克服了内心对父母、对学校约束的恐惧时，图书馆、咖啡馆、树林旁、小吃街成了约会的常见场所。而你知道吗？约会是有“底线”的！

无论男孩还是女孩都要保护好自己！

不要因为一时的性冲动而做出让人后悔莫及的事，如因过早的性生活而造成生殖器的损伤和感染。男生会因无保护措施导致女生怀孕，而一旦女生怀孕，因为身体发育不全、无条件照顾婴儿而流产。人工流产可引起一系列的并发症如感染、出血、子宫穿孔以及婚后习惯性流产和不孕等，而且因为周围舆论压力和自责、内疚，给女生造成严重的心理创伤。

约会时，也要保护好彼此：有些少男少女喜欢在人少的地方约会，一是避免熟人看到，二是增加神秘感、亲密度。但这恰恰也给罪犯提供了场所，拐卖、抢劫，甚至强奸大多是在人烟稀少的地方发生的。

多些高品质约会

约会的目的是增加恋爱感情，而跳回之前的话题，好的恋爱是能让彼此进步和更优秀的。试图多些高品质的约会，代替一味地打游戏、泡吧、上网。

可以做些休闲的娱乐，逛街、运动、唱歌、喝喝下午茶。希望在若干年后，回想那些约会的画面，是美好的、有故事的，而不是厌恶的、想要摒弃的。

恋爱与分手

爱情故事的开始可以有很多种颜色。粉色的开始，是下雨天的浪漫偶遇；蓝色的开始，是在困难时候伸出的一只手；橙色的开始，是朋友聚会上的擦肩而过和嫣然一笑；绿色的开始，是他坐你后面、时不时揪你的辫子……故事的结束似乎无外乎分开或终成正果，而前者如我们之前所说占了绝大部分。

爱恋来了该怎么办？正视它，面对它，了解它，分析它，评价它；不一味地盲目跟随它，不放任它占据你生活的主旋律，把它当作生活的调味品即可。

爱恋走了该怎么办？可以哭、可以叫，可以颓废一阵，但绝不要太久。感恩这段感情给你带来的快乐和伤痛。总结教训，把它当作人生的一堂课，学习到、练习到，便足够发挥它的价值了。

小练习

如果遇到了你未来要共度一生的人，你希望她/他见到的你是什么样子的？

____

爸爸妈妈来分享一下，你希望孩子未来的另一半是什么样的？

____

同性之爱

接下来，我们再来谈谈雨诺雨捷家的另一个问题——雨捷喜欢同为男孩子的同桌。在说这个问题之前，想问下同学们，你更喜欢和男孩子玩还是女孩子玩？你有玩得好的同性小伙伴吗？你们做的最亲密的动作是什么？当接触他的皮肤或身体时你会有什么感受？是没什么感受还是异常的刺激？

喜欢同性的表现

这里，一定要和大家科普一个名词“同性恋”。同性恋的定义是指持久地只对同性别产生情感、浪漫和性吸引的人，而对两个性别皆可产生爱情和性欲的性取向称为双性恋。喜欢、依赖、聊得来可以是爱情的一部分元素，但那不能称之为爱情。爱情是一种较为持久的感受，它包含了在一起的甜蜜、分别的想念、彼此相处的包容，还有想要肢体接触的性冲动。

一般来说，在 12 岁我们已经可以清楚地意识到自己是喜欢男孩子还是女孩子，当然还有一部分人要在 12～16 岁的阶段慢慢探索，最后确定。

如何识别同性恋

怎么确定自己是不是同性恋呢？两个方面可以帮助你识别：

性冲动的频率和程度：是否对拥抱、抚摸、揉捏、亲吻同性别的小伙伴，尤其对挨擦其脸颈皮肤、胸部等行为不排斥而是认同？

对某一性别的态度：是否对异性有着强烈排斥和害怕接触，或对同性有强烈的感情并且持续时间较久，并且与其相处时有依赖和安全感？

如果是，那么此时的你可能为同性恋的概率很大。

为什么会有爱恋同性的体验

简单来说一种情况就是生物学因素，即天生的，这种情况下大多数会很难改变。可能伴有讨厌自己的性别和强烈地想要变成异性的想法，会将自己打扮得较为异性化。如男孩子会想要穿裙子、穿高跟鞋、留长发；女孩子会想要剪短发、穿中性风格的衣服等；甚至有些人长大后会想要做变性手术。

还有一种情况是与童年期与性相关的创伤性经历有关。比如一个喜欢同性的女孩子，谈及男孩子对她的皮肤接触会让她觉得强烈恶心，会主动躲避和男孩子交流。而在心理治疗过程中，了解到她在小学两年级时曾经被自己的表哥猥亵，这样的童年经历让她对与男孩子接触感到害怕和厌恶，从而只喜欢和同性交往。这一类型的青少年是有可能随着心灵创伤的疗愈而改变性取向的。

总之无论是喜欢男孩子还是喜欢女孩子，都无对错之分，更不应该被歧视，同性恋已经不再被纳入精神疾病范畴。当然更重要的是，你所知道的喜欢和爱恋同性极大可能并不是同性恋，而是一种同性间的依恋，正确认识自己的爱恋、经营自己的爱恋、参考之前异性交往时所需要注意的事项和准则，相信这个问题会得到解决。

给雨诺和雨捷爸爸妈妈的攻略

爸爸妈妈有没有阅读写给孩子的前一篇呢？一定要看一看，了解一下孩子的想法哦！如果看了，让我们再继续来看看下文。

你了解青春期吗

想要帮助孩子处理两性关系问题，就首先要了解，青春期孩子的“爱”和“性”有着什么样的特点。进入青春期后，青少年出现第二性征，同时性心理也在不断发育中。爸爸妈妈必须了解一下青春期生理发育特点。

身体外形急速变化：青春期是青少年身体生长发育的又一高峰阶段，此时，身高快速生长，每年平均增加 7～10 厘米；体重迅速增加，平均每年增加 3～5 千克。

性功能不断发育成熟：青少年进入青春发育期后，生殖器官发育成熟，男性出现遗精，女性开始有月经。同时，出现第二性征：男子长出胡须，出现阴毛和腋毛，喉结突出、骨骼粗大、肌肉发达、声音雄浑等；女子乳房膨大，出现阴毛和腋毛，骨盆宽大，胸、肩、臀部的脂肪增多，声音细等。这一切生理变化也在不断刺激着青少年的心理，为他们带来新身份和新阶段的挑战。

你了解青春期的恋爱吗

由于生理发育不断趋于成人，青少年也会出现成人的“性体验”，内心也会渴望爱恋。因此，在了解了青少年生理变化的基础上，家长应当正视，孩子出现这样的心理是非常正常的。

著名心理学家斯滕伯格曾提出“爱情三元论”，认为完美的爱情同时包括激情、亲密和承诺三个方面。

激情可以与生理唤醒或情绪刺激相关，可能是对某种事物比较强的热情或感到兴奋，会容易让人用危险的方式行动的某种强烈的情绪，或者对一个人强烈的性或浪漫的体验。

亲密则是亲密和彼此依恋的感觉。它是两个人之间稳固的紧密纽带，双方在情感上互通，有助于创造安全感体验。

承诺则会涉及有意识地决定彼此坚持。两个人会承诺去做某事或给予某物，或者承诺互相忠于彼此。

在一段爱情关系中，都会包含上述三个要素，而不一样的是，不同阶段、不同类型的爱中，三个要素的种类和数量可能存在不同。比如，一开始恋情可能浪漫、激情的成分会更多，而随着关系的发展，亲密的感觉会更多发展起来，可能双方也会给彼此承诺。因此，每个组成部分的相对重点会随着时间而变化。

由此我们可以看到，青少年所谓的“恋爱”可能并不会同时满足上述三个要素。因此，家长们千万不要做“惊弓之鸟”，更不应该“一棍子打死”，要倾听青少年对他们关系的看法，了解他们的关系存在怎样的特点。

青少年的两性关系特点

朦胧性

“朦胧感”是青少年恋爱的特点之一。青少年恋爱往往结局并不明确，他们建立恋爱关系往往是出于冲动和渴望与异性单独接触，并不会过多考虑到未来的安排，比如是否组建家庭、如何应对学业和恋爱之间的冲突，甚至，很多青少年并不能很好地区别友谊和爱情。

矛盾性

青少年恋爱充满了愉快和痛苦交织的感觉。一方面，他们想要和喜欢的对象密切接触；另一方面，他们也担心和恐惧家长、老师的态度，暗恋的青少年还会存在是否向心仪对象进行表白的矛盾。

变异性

很多青少年的恋爱都是从友情“进化”而来的，一开始是朋友，后来相处越多就越想和对方相处得更久。而青少年之间的友情则是充满变化、极不稳定的，因为他们往往不具备太多处理人际关系的技巧及经历，这容易导致当出现矛盾时，由于不会处理或者处理不当，让关系难以长久维持。正是这样，常常给双方的心理造成痛苦。

差异性

青少年的恋爱行为具有差异性。有的会公开交往，出双入对；有的会更加私密，通过电话或网络等交流，其他人难以发现。

实际上，大部分青少年在恋爱时还是以交流感情或者一起玩耍为主，从人际关系上看，并不见得超出正常的友谊范围。但也并不排除有一部分青少年恋爱关系发展得很深，除了交流感情外，有时甚至发生性关系。

怎样与青少年沟通“爱”和“性”的问题

那么，当你发现你的孩子“恋爱”了，你该怎么办？

先不要定性

有的家长一听说自己的孩子恋爱了，又急又气，上来就觉得自己孩子怎么那么“不正经”“不学好”“不把心思放在学习上”。但是也许，你看到的只是两个青少年彼此朦胧的好感，所以千万不要急着上来就把你孩子的关系定性为危险的“早恋”，因此对他/她施加压力。也许这样，会引起青少年的反感和叛逆，让他们觉得这段关系更要“坚持”下去。

不要责骂

要知道，对他人产生喜欢和爱意是非常正常和自然的事，青少年也不例外。父母需要明白，这样的好感是一个自然产生的过程，不该冷言冷语、阴阳怪气，去责备孩子为什么会喜欢别人。

耐心听听他们的心里话

青少年的爱恋可能并不会一帆风顺，遇到困难，他们也需要倾诉，需要帮助，而此时，家长作为成年人的稳定和经验就能起到作用。多听听孩子的表达，了解他们从关系中想要获得什么。

引导全面认识青春期恋爱

由于年龄和经验的差距，大部分青少年并不能很好地认识和看待青春期的爱情。因此，家长需要做他们这个时候的领路人，引导孩子以积极的心态认识青春期爱情。

如何引导青春期的孩子

爱情在每个人心中的理解有所不同，但是它的核心特质一定是积极的、美好的。

实际上，健康的青春期恋爱对于社会情感能力的建立、人格的健全、道德观念的完善都具有积极作用，并且在恋爱关系中的人际交往经验会成为之后人际相处中的基础。所以，父母在引导青少年认识爱情时，需要传达积极、正面的思想，让他们认识到爱情中的美好品质，切勿打破他们对于爱情的美好向往。

当然青春期的爱情心理有其特殊性。青少年处于从儿童到成年人的过渡时期，他们大多在恋爱问题中并不像成年人那样在意关系的联结和长久性，而是更多地关注自我探索和自我发展。青春期的孩子更容易关注异性，也愿意让异性关注自己，注重穿着打扮，在意异性对自己的看法。这些都是正常的现象，教育者需要让孩子认识到这一点。当孩子能够直面这一份内心的悸动，它很可能成为自我发展和完善的激励因素。在这一过程中，教师或父母可以引导孩子学会关心、学会表达、学会完善自我，这些都是追求爱情的重要品质。

认识到青春期爱情的风险

青春期恋爱容易造成孩子出现情绪问题。如当表白被拒绝、暗恋、失恋、恋爱中的矛盾和周围人的压力等通常会成为情绪问题的根源，进而影响孩子的学习、生活和身心健康，有一部分人会出现极端情绪，甚至在冲动之下做出伤害自己的行为。

青春期恋爱可能会影响青少年的成绩。无论是时间和精力难以合理分配，还是当分手、关系破裂出现后难以应对，都会对学业发展造成负面影响。

青春期恋爱可能会让青少年身体健康处于高风险中。青春发育期的孩子身体尚未完全发育成熟，且还没有足够的能力对自己的性决策负责，被疾病感染和被心理伤害的风险较高。缺乏自我保护意识的青少年可能会出现意外怀孕或者人工流产的情况，因此，家长一定要教少男少女们学会自我保护，学习保持个人卫生、避孕和预防疾病。

如果孩子是同性恋，我该怎么办

青春期爱情可能并不仅仅发生在异性之间，同性之间也可能会出现。那么，当发现孩子可能对同性更感兴趣时，应该怎么办呢？

不要急于“扣帽子”

青春期孩子的喜欢和恋爱十分朦胧，很多时候他们自己都很难分辨得清楚。因此，当发现孩子对同性展现出更多兴趣时，要多观察，可能大部分只是同性伙伴之间的友谊和依恋，不要急于一时的判断。

耐心听孩子的表达

冷静下来的家长，需要更多听听孩子的想法和表述，毕竟，不把信息搜集全就妄下决断其实是对孩子的不尊重。家长也需要清楚，同性恋到底是什么，这在前面给孩子的攻略中已经做过介绍了。

不要歧视

实际上，很大程度上是否是同性恋是由生物学因素决定的，因此，这就导致性取向大部分情况下是很难人为扭转的，除非造成他/她喜欢同性的原因可能是由一些和性有关的创伤导致的。所以，无论是同性恋还是异性恋，都不该因此看不起你的孩子。

多做引导

与异性恋相比，同性恋者可能遭受的压力和风险更多，比如，社会舆论的压力、人际相处的困难，以及性交方式可能导致的疾病风险等，这些都需要家长做额外的了解，并对青少年做更有针对性的引导。必要时，可以与孩子一道前往专业机构寻求心理或生理方面的咨询和指导。

后　记

在参加了几次训练营，对自己的经历和感受进行分享后，雨诺和雨捷都感觉自己得到了认可和理解，也更加明白自己的喜欢的感觉和心情。而雨诺和雨捷的爸爸妈妈在了解了许多有关青春期恋爱的知识后，也都更懂得自己孩子的一些行为，并运用学到的一些技巧试着进行沟通，亲子关系有了显著的改善，家庭氛围也变得融洽了许多。

两性关系是青春期开始出现的一个绕不开的话题，也是一个非常敏感，或许是很多人难以启齿的话题。但这是孩子成长过程中的必修一课，所以，忽视、漠视、敌视都不能使问题得到解决，反而关注、倾听、沟通、理解才是最需要做的。

做追求个性的“我”

一直被“求同”、从未能“存异”的小薇和小月

小薇和小月是一对双胞胎姐妹。虽然姐妹俩长得很像，但是相处时间长了，还是很容易分辨出来。姐姐小薇的脸更大一些，性格相对内敛，喜欢看文学作品、听摇滚乐；妹妹小月更苗条一些，性格相对外向，喜欢追电视剧、看综艺节目。

小薇、小月和父母的冲突，主要是父母事事都会把两人放在一起比较：谁的成绩好啦，谁听话啦，总之任何事情都可以拿来比较。更让小薇、小月不能接受的是，父母总是希望两个人是一模一样的：一模一样的衣服，一模一样的文具，一模一样的发型……生怕别人不知道这是一对双胞胎。进入了青春期，她俩和父母的矛盾就越发地凸显。父母越发地觉得，没办法管教这对姐妹了。

妈妈：小月，你看你姐姐，饭都吃完了，你怎么剩这么多，再吃点！

小月：我不吃。吃多了要胖的。

妈妈：胖什么胖，你姐姐都没说过自己胖，你吃这点饭，还能胖过你姐姐不成？

小月：你们能不能不要老拿我和姐姐去比较了，有意思吗？我就是想瘦一点，瘦了好看啊！再说了，我也不想跟姐姐一模一样。她是她，我是我。她

不想减肥，不代表我不想。

爸爸：小月啊，你已经很瘦了，跟个电线杆一样，不能再减了。和你姐姐一样有什么不好的？干吗发这么大脾气……你看看你这头发，啊，今天一个花明天一个辫，整天捯饬自己，还能有心思放在学习上吗？学生的任务就是学习，别整天搞这些有的没的！

小月：我怎么就没好好学习了？再怎么着我也是班级前十名。难道只有像姐姐一样考年级第一，才是好好学习吗？

这时，训练师走了进来。

小月：医生，你评评理啊，我爸妈整天念叨着让我向姐姐看齐，我烦都烦死了，他们还不觉得自己有啥问题。

妈妈：我们有啥问题？是你有问题吧！脾气越来越大。还有小薇，天天思考一些哲学家才思考的问题，什么我是谁，我在哪儿，重要吗？

小薇：我也不喜欢你们老让小月跟我一样。我也希望我和妹妹是两个不同的人。我最讨厌别人把我们搞混。世界上没有两片相同的叶子，更没有两个相同的人。但我也的确不知道怎么做才能与众不同，这才是我的苦恼啊！

爸爸：反正啊，这俩孩子越来越难管，不像小时候了。一个爱打扮爱美，一个总是要追求什么精神独特，她俩做的事情我跟她们妈妈都理解不了，也没法教育。更要命的是，她们俩的想法一天一个样，完全没有规律可循，也很难讲道理。唉，医生你说，我们要怎么办啊？

训练师（微笑）：这就是青春期面临的巨大课题呀！就像她俩的名字——蔷薇和月季，看起来很像，但是并不一样。青少年都会追求个性，这很正常。小薇小月想知道怎样变成独一无二的自己，爸爸妈妈想知道怎么理解小薇小月。让我们一起在训练营获得答案吧！

给小薇、小月和伙伴们的攻略

亲爱的小薇和小月，你们真的很可爱呢。你们看起来很相像，再没有比对方更像你自己的个体了，可是你们又是如此的不同，甚至可以说是大相径庭。让我们来看个表格吧！

不一样的双胞胎

		姐姐小薇	妹妹小月
不同点	性格	内向	外向
	体型	稍胖	稍瘦
	特点	追求精神独立	爱美
共同点		不喜欢被比较，不喜欢和别人一样	

双胞胎的烦恼

从小爸爸妈妈就恨不得把你们当一个人来养，吃的穿的用的，都是一模一样的。小的时候什么也不懂，你们是天生的伙伴，与此同时又总被不停地进行比较和自我竞争。你们就是彼此的最爱和最恨，这就是现实版的"相爱相杀"吧。

其实，双胞胎之间的冲突早在1岁左右的婴幼儿时期就开始了。婴幼儿常常采取非语言的行为方式来表达自己的情感和想法，于是他们开始"动手""动口"，有的孩子会咬人、抓头发，甚至各种"大打出手"。事实上，双胞胎之间的冲突是孩子表达其内心情感需求的方式。表面上一对双胞胎姐妹的对抗冲突，为的是彼此获得某种权利、荣誉或者物品，实际在更深的层面上，孩子可能是为了寻求父母的关注。那双胞胎是不是永远这样的"爱之深恨之切"呢？研究数据显示：小时候冲突越多的双胞胎，他们在长大之后的亲密度会更高。

小贴士

当下次被父母说你们怎么不一样时，你们可以试着说出自己的心声：爸爸妈妈，我们希望您保持中立，倾听每一个孩子的声音；我们撒娇耍赖实际上是为了获得关注；我们需要自己的专属物品和空间，每个人都是独立的，即使是父母与孩子，我们彼此间仍然需要保持明确的界限……

独一无二的内在追求

很惊喜地看到，小薇对自己发出这样的灵魂三问："我是谁？我在哪？我要做什么？"看得出来，一直成绩名列前茅的姐姐，思考的问题还是很有深度的，那我们就来谈谈这个终极哲学拷问，虽然它看起来好像有点深奥难懂。

随着年龄的增长，青少年的身体也悄悄地发生着变化，男孩变得强壮，女孩变得丰满，心理也在经历着成长。从原来只需要吃饱喝好、物质为王的小孩，变成了也需要追求精神食粮、追求智慧的使者。在成长的过程中，我们会面临身份认同的问题：在别人心中，我是怎样的人？我够独特、够自尊自信吗？

这里提到一个概念：自我同一性。这个名词最早是由心理学家埃里克森提出来，是关于自我心理学的中心概念。"自我同一性"概念源于二战时对伤病员的诊断，长期战乱导致一些伤病员对自我失去认同，严重者无法把自己的过去与现实、未来联系起来。后来发现在具有严重内心冲突的青少年身上，也同样出现了"自我同一性"的丧失，"自我"呈现出崩溃。简单来说，自我同一性就是小薇提到的"我是谁"的答案。它在青春期占据核心地位，包括对自我的确认和自身发展的重大问题，如职业、人生观、价值观的思考和选择。孩子们，你们身处青春期（12～18 岁），正是处于自我同一性和角色混乱的冲突阶段，面临角色混乱的危机。按照埃里克森的理论，在人类社会的丛林中，如果没有自我同一性的感觉，就没有自身的存在，就无法形成"忠诚"的品质，即"不顾价值系统的必然矛盾，而坚持自己确认的同一性的能力"。也就是"我知道我是谁，并坚持做我认为对的事情"。

小薇可能有点疑惑了，既然我的疑问这么重要，那么我怎么知道"我是谁"？不可否认，在不同的社会形态下，人们的自我认同会受到社会大环境的影响。古代"学而优则仕"，读书人这一身份是与准官员相联系的。计划经济时代，社会环境赋予大学生国家工作人员的身份。之后下海经商，"向钱看"影响了个人定位。在这里给小薇提点建议：可以试着在日常生活中，把自己和周围的同学、教师，甚至社会群体进行比较，检查自己，为自己找一两个偶像，把他们身上优秀的、理想的、自己欣赏的人格，内化为自己的品质。慢慢地你就可以从思想上、心理上真正认同自身身份，形成稳定的认知系统和人格系统。

解决了“我是谁”的问题，那么“我要做什么”呢？什么样的事情才是对的、值得做的？对于个人而言，满足自我需求，能够提升自我价值感的事情就是对的事情。这里又提到一个概念“自我价值感”。在心理学上，黑尔斯(Hales)把自我价值感的因素分为内部因素和外部因素。内部因素反映人的价值的个人特征，如能力、成就等；外部因素指周围人对个体的评价与态度。个体以内在的自我价值为依据，以外在的别人评价与态度为标准，形成了自我价值感。研究发现，越自尊自信的人，越觉得实现了自我价值感。如何获得自我价值感呢？只要通过多做事，做成功的事情，让自己变得更强，就越容易获得自尊自信，越觉得实现了自我价值。快去做让你深信“人间值得”的事情吧！

独一无二的外在追求

小月这么瘦，并认为瘦就是美，小月是真的长大了，而且是想长成漂亮的花姑娘啦！恭喜你，破茧而出，展翅飞翔的日子越来越近。可是小月，你有没有想过，社会对于女性“瘦即美”的刻板陈旧观念，可能会变成另外一个茧，让你无法绽放真正的女性魅力？

无可否认，青春期女生更加注意自己的仪表和身材。相信很多爱美的小姑娘，可能也听过“进食障碍”这类疾病。进食障碍主要指以反常的摄食行为和心理紊乱为特征，伴显著体重改变和(或)生理功能紊乱的一组综合征，包括神经性厌食、神经性贪食和暴食障碍。极端地求瘦、对体形的不满意是进食障碍者的核心症状。

在青少年中，进食障碍的问题高发，一部分是受社会文化观念影响：以瘦为美的观念和其感知的同伴压力是主要的社会因素，同伴的节食减肥行为，可能会对小月造成压力，从而出现节食减肥行为。另一方面可能是青少年自身存在体象障碍——客观上身体并不存在缺陷，或者仅有轻微缺陷，但个体将轻微缺陷夸大，对体形、体重过分重视、担忧或不满，恐惧肥胖等。研究发现，随着年龄的增加，青少年对自己身体的满意度处于不断波动中，青春期呈下降趋势，是对身体最不满意的阶段。

那么如何评定是否健康呢？对于正在长身体的小月来说，可以简单计算一下身体质量指数(BMI)＝体重(千克)/身高(米)的平方，正常值为18.5～24，如果BMI＞25为超重，BMI＜17.5就是体重不达标。若要维持健康的体重，需要养成健康的饮食习惯。

小贴士

对青少年的营养建议：

- 吃各种各样的食物；
- 平衡食物摄入与身体活动；
- 多吃全谷物、蔬菜、水果、瘦肉蛋白和乳制品；
- 选择饱和脂肪和胆固醇含量低的食物；
- 适量食用糖和盐；
- 摄入足够的钙和铁来满足不断增长的身体的需求；
- 储备营养丰富的膳食和小吃；
- 喝水、低脂牛奶、脱脂牛奶。

脱胎换骨，我有办法

进入了生命轨迹中具有划时代意义的关键时刻——青春期。小薇，小月，快看看自己身上是不是也有这样的特点呢：我认为自己是舞台中央的主角！这个阶段的青少年，把自己想象成舞台中央的主角，认为有很多观众在关注自己的一言一行，有渴望展示的冲动；但是同时又觉得自己是孤立无援的小大人，空有长大的躯壳，没有强大的成熟心，会敏感害羞，在意同伴人的看法，觉得"孤独是一群人的狂欢"。其实这是青少年社会发展的正常阶段——孤独与合群成为了一对矛盾的共存体。

青少年变得喜欢独立，和父母之间经常有拉锯战。一方面努力使自己看起来很酷，无所不知，显得成熟，甚至故意显得老成，比如随时甩出心灵鸡汤或是口吐丧词"人间不值得"。一方面自己还像个一点就着的小炮仗，常常因为一件小事而生气，糟糕的考试成绩、与朋友争吵，或父母的一句话都可能会让他们生气。这是因为青少年的大脑发育还远未完成，抽象思维、逻辑问题变得容易了，但在冲动控制和组织技能中发挥作用的前额叶皮层仍然发育不成熟，对于情绪的控制显稚嫩。

这时候，父母在青少年眼中不再是上级，青少年不需要父母告诉该怎么做、要怎么做，而是希望父母更像引导者、同伴，和自己共同决策，集思广益，然后鼓励自己做出选择。为了达成愿望，需要把想法有效地传达给父母，和父母达成一致的家庭契约。

小贴士

让父母知道并达成所愿

我希望	解决问题的方式
公正的纪律	和父母共同商定纪律，需要符合孩子的需求 当违反规则时，使用纪律来约束自己做出更好的选择
良好的行为契约	和父母商定，良好行为及时奖励 告诉父母，尽量避免把自己和别人横向比较
情感支持	告诉父母，自己需要及时的情感支持 必要时可寻求学校辅导员、医生或心理热线获得支持 上海市心理热线：962525 全国心理援助热线电话列表：https://www.sohu.com/a/370031174_650805

梁启超在《少年中国说》中宣告："少年强则国强。"《中长期青年发展规划(2016—2025年)》也宣称："青年兴则民族兴，青年强则国家强。"青少年们，你们代表着未来的希望！希望青春期训练营能够帮助你们成为自尊自强自信的青年，去做勇敢的自己、健康的自己，做自己的王者！

最后一句话送给小薇、小月和小伙伴们：我就是我，是不一样的烟火，我不再是双胞胎中没有辨识度的我，不再是社会上要求的我，也不再是过去乖乖的我，我就是我！

给小薇和小月爸爸妈妈的攻略

看了小薇和小月家庭的故事，各位家长是否感同身受呢？青春期的孩子非常喜欢追求个性，而这种追求也让我们对青少年的管教变得困难重重。俗话说："知己知彼，百战不殆。"今天，就让我们跟随着小薇和小月，来了解一下我们个性满满的青少年吧！

青少年期：心理、生理和社会因素追逐打闹的结果

狭义地说，青少年期是这样一个阶段：孩子的身体外貌特征发生了巨变，而情绪、心理也随着生理的巨变产生了重大变化。小薇小月的爸爸说，孩子不像小时候了。没错。青春期之前，孩子的心理发展阶段叫作潜伏期。在这个阶段，孩子的表现就是"勤奋""乖"。潜伏的意思是，心理能量在这一时期进行积累，就像岩浆在不停地汇聚能量那样。青春期的到来，就像是岩浆终于找到了薄地壳，足够能量的积攒，让岩浆喷薄而出，形成了持续多年的火山爆发——也就是青春期了。想想看，你家孩子的情绪波动，是不是犹如火山爆发一样惊人呢？

如果岩浆代表了心理能量，那么它又是怎么形成的呢？我们知道，生理、心理和社会环境三者共同影响了青少年期的发展。心理能量的汇聚，少不了生理和社会的影响。首先，生理上的影响主要指的是身体发育和性成熟等因素。仔细观察一下你家青春期的娃，是不是外表上看已经像个大人了？尽管青春期发育的个体差异很大，但是他们早晚都会经历这些巨大的生理变化。这个变化太迅速了，连青少年自己都感觉到陌生。看着镜子里的自己，他们多少都有些茫然，就像小薇那样，每个青少年几乎都问过自己这个问题：我是谁？我想成为谁？这其实就是青少年期最重要的一个议题，他们要去寻找"世界上另一个新的我"——换句话说，他们要建立崭新的、匹配得上成人身体的、独立的心智。其次，既然要在世界中寻找新我，那一定离不开社会因素。社会因素主要指的是社会文化和社会关系对青少年的影响，它会影响到

一个青少年如何看待他们扮演的社会角色，如何评价成功、失败，周围人如何评价自己以及自己所处的群体等。如果社会因素给青少年带来了比较大的压力，那么情绪的波动也会更大，也会让"岩浆"变得更加汹涌，爆发的时候也会更加猛烈。所以，想要了解青少年，心理、生理和社会因素都要共同考虑。

突然的自我：为什么青少年开始追求个性

双胞胎姐妹想要变得不一样，这让小薇小月的爸妈无法理解——从小薇和小月的反应来看，"跟别人一样"是一件非常不得了的、她们谁都不想要的事情。其实，就算不是双胞胎，也是一样的。进入了青春期的青少年，几乎都会突然变得非常在意自我，渴望自己能与别人有明显的区别。想要理解这个部分，我们需要先了解什么是自我。一个很简单的方式可以确定你的自我的样子：你只需要不停地写下"我是一个________的人"。穷尽你能想到的所有描述，然后把所有的答案集合在一起，就是你的自我了。听起来自我感觉只是个主观感受。实际上，自我感觉也受到大脑结构的影响。生理结构是我们认识自我的基础，而自我是我们对自己的感觉和认识的集合。有研究表明，把大脑右半球麻醉，你很可能无法识别自己的脸。而对大脑的研究显示内侧前额叶皮层似乎对自我感觉的整合起到了作用。

了解了什么是"自我"，再让我们来谈谈为什么是"突然"。正如前面所述，青春期巨大的生理变化远远超前于心理变化的发生。这时候，原来自我的概念被打破了——我的身体都变得跟以前不一样了，我怎么还能保持以前对自己的认识呢？自我的概念发生了动摇，青少年对自己的认识也会变得混乱。重新统一对自我的认识，成了这个心理发展阶段重要的课题。一位名叫埃里克·埃里克森的心理学家，将人一生的心理发展分成了八个阶段。他认为，每个阶段都有其特有的发展冲突或危机。如果这个冲突或危机得到了解决，就可以顺利进入下一个心理发展阶段，否则这个阶段的冲突或危机的影响将会持续存在。对于青少年来说，他们遇到的冲突或危机是：自我同一性和同一性混乱。当一个人对自我有了稳定、一致的认识后，他/她就拥有了自我同一性；反之，则是同一性混乱。没有人能忍受混乱。因此，一旦自我概念被打破，对重新建立自我同一性的渴望就会变得强烈起来。这么来看，小薇和小月“突然的自我”，其实并不突然。当然，如果不是学习了这样的理论，她们也不知道自己这样做的目的，因为这个心理发展的过程是在无意识中发生的。不过，对于家长来说，知道了这样的理论，再回过头去看青少年的表现，是不是就更能理解了呢？

当然，在追求自我的路上，并不总是一帆风顺的。在建立自我同一性的路上，每个人都有幻想。有个术语叫作“可能自我”，描述的就是这一现象。可能自我，指的是“我期待我将来变成什么样”或者“将来我不想变成什么样”等各种观念。小月想要通过保持身材和打扮变得更美，小薇想要追求精神上的独特，都是因为她们内心有个“可能自我”，在推着她们向自己理想的样子前进。不管是能趋近还是远离自己的可能自我，都会引发青少年强烈的情绪和情感。

好奇与叛逆齐飞：心理发展中的机遇与问题

就像小薇和小月的父母一样，面对青春期的孩子，家长最头疼的就是“不管怕出事，想管管不了”。其实，“不听话”“管不住”都是青少年叛逆的体现。前面提到过，青少年在这一心理发展阶段的目的是建立自我同一性。建立自我同一性的方式有两个：①用好奇心来尝试新鲜事物；②用叛逆来与周围人划清边界。虽然这个部分令人头大，但它对青少年的心理发展也有有益的部分。就性格及人格成长而言，青少年期所面对的挑战及其解决之道，是促成个人未来生活模式的核心力量。而青少年的好奇心和乐于思考，则让他们在这一阶段变得非常有创造力。不过，家长们更担心的，其实是青少年很容易遇到的一些心理行为问题。这样的担心也是有道理的。研究表明，青少年的生理变化和心理发展，都导致其行为容易冲动，对自我行为的控制力较弱。万一在他们探索自我的过程中接触到了不良行为，会不会让他们从此失去心身健康，万劫不复呢？这种担心也是可以理解的。那下面我们就一起来看看这些担心，看看如何应对这样的问题吧。

令人苦恼的吃饭问题

在小薇、小月的家里，爸妈非常担心小月的吃饭问题。小月对自己的理解是：少吃、瘦、变美。爸妈的理解是：缺营养、影响身体发育、影响学习。我们能够理解小月希望建立一个更理想的自我，然而爸妈的担心也是有道理的。调查发现，在各年龄段的人群中，青少年最可能不吃早餐（无论是起床晚没时间还是为了减肥）。如果自己用餐，青少年可能会吃得更不规律、没营养。其实，青少年时期尤其需要重视营养的摄入，因为缺乏营养可能会诱发不良的情绪。例如，贫血会让一个青少年感觉到疲惫、易怒。家长们可以自查一下，如果是这种情况，建议给青少年更多有营养的食物，例如较多的水果、蔬菜、高钙食品和谷物，控制碳酸饮料、高脂肪食物等不健康食物的摄入。健康的饮食会给小月带来健康的美，其实是个一举两得的事情。然而，如果小月过分关注节食、减肥，有过分严厉的节食，并且体重严重不足，那就要考虑另一种可能——进食障碍了。

延伸阅读

何为进食障碍

进食障碍是与进食有关的心理障碍，好发于青少年，表现形式多种多样，常见的是神经性厌食和神经性贪食。神经性厌食是一种危险的进食障碍，因为强迫性的怕胖观念会让青少年非常严格地限制饮食，从而导致严重的健康问题，甚至会危及生命。该病死亡率高达5%～15%，在所有心理障碍中死亡率最高。神经性贪食虽然不会不吃东西，但是患者会狂吃，然后又为了保持身材狂吐或者服用泻药把食物排出。

说到这里，家长们可能会担心了：那我更要看好我家孩子吃饭了！其实不然。吃，还是不吃，只是一个表面现象。进食障碍的发生发展，离不开个人、家庭和社会因素三大影响。研究表明，同卵双生子比异卵双生子更可能同时得进食障碍，这说明了遗传因素的影响。许多神经性厌食患者的共同点是：经常对自己的学习成绩和行为提出过高的标准、情绪受到抑制、除家人外无法建立起亲密关系。此外，以瘦为美的社会审美，也对神经性厌食症的发生起到了推波助澜的作用。

需要注意的是，如果孩子过分关注自己的体形和外貌，以至于可能威胁健康，作为父母，我们必须要反思一下自己在其中扮演的角色。研究表明，父母—青少年子女的互动中可以找到一些导致进食障碍的原因。对于进食障碍患者父母的侧写中可以看到，厌食的女孩通常有个对孩子过度保护的妈妈，她们通常对于外貌、行为举止和别人的评价有过高的期望；而爸爸，则过分疏离。厌食症孩子反抗父母的方式，就是通过控制自己对食物的主动权（不吃），来掌控自己的身体（自我的象征），从而进行无言的对抗（因为无数次正面对抗都失败了）。如果孩子已经得了进食障碍，家长需要及时带其前往心理科或精神科诊疗。而作为父母，我们需要思考以下几个问题：

我们与孩子之间的关系如何？（过于亲密/亲密/疏离/过于疏离）为什么会这样？

我们夫妻之间的关系如何？

夫妻关系对于孩子的情绪影响是什么？

我们是否过于关注/控制孩子了？是什么样的表现？

除了学习，我们对孩子有没有过其他的关心？

我们经常和孩子一起吃饭吗？如果没有，为什么？

我们可以做些什么，给孩子一些自主权，让他/她发展自我同一性？

通过梳理这些问题，我们可以得到一些相对清晰的家庭关系概念，从而可以更好地帮助孩子康复。当然，梳理这些问题还有一个很好的方法，就是去见心理治疗师/心理咨询师。

使用成瘾物质和行为成瘾

当青少年开始叛逆的时候，抽烟、喝酒、打架大概是最容易碰到的问题。除此之外，父母还会担心孩子结交不良少年，发生一些更高危险的行为，比如吸毒、高危性行为等。在工业化国家，青少年抽烟、喝酒都比较普遍。根据近几年的中国毒品形势报告发现，吸毒呈现出年轻化的趋势。

除了物质成瘾外，行为成瘾也得到了一定关注。在最新的国际精神疾病分类 ICD - 11 中，将游戏障碍纳入了诊断（可参考第七章中有关游戏障碍识别和预防的相关内容），而青少年游戏玩家同样成了令人高度关注的群体。那么，怎样才能让青少年减少成瘾的可能性呢？

我们可以从两方面来考虑。

换一种方式满足好奇心和叛逆：好奇和叛逆，是青少年建立自我同一性的过程中跟周围人划清界限的法宝。然而，好奇什么，用什么叛逆，其实并没有那么重要。因此，我们可以鼓励孩子去探索一些更加积极、健康的事物，来满足其好奇心，换一种方式去叛逆，建立自己的与众不同。比如，去学弹电吉他，组建自己的乐队。

建立安全的依恋关系和令人满意的社交网络：成瘾和依恋有什么关系？我们可以从神经心理学方面进行解释。我们的大脑内，有一套奖赏系统，它会导致一些内源性物质的分泌，从而奖励我们的行为，感受到快乐。这种内源性的物质不仅仅是多巴胺，还有一种阿片类的物质（没错，毒品中有一类就是阿片类），它不仅能让人快乐，还能减轻社会丧失带来的更复杂的痛苦。我们都知道，人是社会性的。人与人的连结让人在演化的过程中得以生存。为了避免分离和绝望，人需要依靠彼此，从神经化学的角度来说，这样的依靠，尤其是与母亲和爱人的依恋，可以让我们保持高水平的阿片类受体的活性，这样我们可以感觉到快乐。这就是为什么我们一直在倡导，预防和减少成瘾的最好方式，就是让患者回归到令人满意的社交网络当中。而对于孩子来说，最直接的依恋对象就是父母了。因此，解决问题的关键，又回到了良好的亲子关系当中。

面对青春期个性飞扬的"急风骤雨"：良好沟通练习

这里会提供一些与青少年交流的技巧练习，希望对你们的沟通有帮助。不过在沟通之前，家长要先问自己三个问题：我是否处于良好的情绪状态，足以与孩子沟通？目前我跟孩子的关系是否足够让我们开始平等的对话？我是否愿意放下自己的意见，认真倾听孩子的需求？如果答案中有否定的，你需要先处理好这些问题。处理的方式可以是自我调节，可以找朋友或配偶一起帮忙，也可以找心理咨询师/心理治疗师等专业人士。如果三个问题的答案都是肯定的，那么我们就可以开始了。

与孩子平等地开启一段对话。在沟通中，尝试做到以下有益的部分，避免有害的部分。

亲子沟通中的态度

有益的	有害的
倾听	武断
不评判	否定
提供选择	不实际
确认	固执己见
开放式地提问	假设
实际支持	虚假的安慰
精神支持	说教
关注当下	询问不愉快的事情的细节
表示理解	翻旧账
关注内在的力量	不守承诺
主动联系	指责

需要注意的是，沟通的时候孩子可能会是不耐烦的，令人恼火的。但是我们不可以"以牙还牙"，而是要尽量以一个成熟成人的沟通状态，唤起孩子的平等对话意愿。总而言之，尝试去理解，给予实际的情感支持和鼓励，促进亲子关系，是度过这一阶段的不二法宝。希望各位爸妈都能在这样的"急风骤雨"中顺利陪伴孩子的成长！

后　　记

经过训练，小薇和小月明白了青春期自己的身体和心理都发生了明显的变化，"想长大""向往独立"的感觉在这个阶段无比强烈。同时，也认识到，每个人都是独立的个体，即便是双胞胎，也是各自"不一样的烟火"。小薇和小月的父母也学习到了和青春期孩子"平稳"相处的技能，也能更加理解这个阶段双胞胎孩子的心理特点。在双方有了更深层次的了解后，亲子关系有了显著的改善。

把学业的“压”转化为“力”

“以为爸爸对我很失望”的东东

东东心里像是压了一块巨石，沉重、憋闷。今天是星期三，也是训练营的第三天。爸爸妈妈本该去工作，为了这个训练营都请假了。不是所有人都来参加这个训练营的……东东越想越丧，要不是自己成绩下降，也不会影响爸妈这么多。东东还有点害怕，最近半年爸爸的工作很不顺利，每天回家“气压”低得可怕。尽管爸爸从不在自己面前说什么，但是，显然，爸爸几乎不带自己和他的朋友们一起聚会吃饭了。在以前这是常有的事，东东也再没听到那句“我家东东学习上从来不让人操心”。

“东东？”一个温和的声音把东东从沉思中唤醒。“啊，不好意思，我刚刚溜号了……”东东懊恼地解释。眼前的训练师笑了：“我们没在上课，谈不上‘溜号’呀。你刚刚看起来很难过，可以和我说说你在想什么吗？”东东觉得心头一酸，突然放松了很多：“我在想……我真没用，我爸很忙的，要是我成绩不这么烂，他和妈妈也不需要花时间陪我。”东东的眼神黯淡下来。“你的成绩是中等偏上，这个成绩让你很有压力吗？”训练师关切地看着东东。“这个成绩太差了，我每天都很急，之前我的成绩从来都是前几名，自从上了初二，课程越是难，我越觉得自己需要花更多精力，但越是难以集中注意力。"看着东东逐渐皱起眉头，训练师询问道："听起来，到了初二，你已经很努力了，成绩很难和之前一样，有谁对你说过'你这个成绩太差了吗？'"东东愣了一下："倒是没有人直接这样说，甚至老师还会说，不要只盯着成绩，考试只是用来检验学习成果、调整学习方法的。"东东沉默了两分钟后，继续说："但是我觉得爸爸妈妈很失望，尤其是爸爸，他们只是不忍心说，他们一定觉得这个成绩糟透了，觉得我也糟透了。""我从东东的口中听到了很多关于爸爸和妈妈的想法，我感觉这部分对他很重要。接下来，邀请爸爸妈妈一起来聊聊好吗？对你们来说，更直接地了解彼此的想法很重要。"

训练师引导后，妈妈急忙说："老师，我们的确很想帮帮东东，其实也不仅仅是学习，他这段时间瘦了很多，每天也就睡6个小时。这个孩子从小就很乖，我们其实更担心他的身体。"爸爸也点了点头："成绩有波动和变化是正常的，但是这孩子心思重，作为爸爸，还真不知道怎么劝劝他。"东东一脸惊讶地抬起头："你们主要是担心我的身体？难道不是成绩吗？""你的成绩虽然没有之前好，但是也还不错呀，我们看得到你的努力呀。"妈妈生怕东东不相信，赶紧解释。东东接着看向爸爸，爸爸说："确实是这样。""可是您明明就不开心，这段时间也不带我出去玩了。"爸爸叹了口气："唉……我这段时间心情的确不好，但主要是我自己的问题，工作让我觉得力不从心。不是因为你呀，傻孩子。"东东眼眶慢慢红了。"至于成绩吧，爸妈当然也希望你成绩好，但也得看实际情况，不能想怎么样就怎么样，我自己的工作也不咋地，我也想升职呢，暂时做不到嘛。"不知道是不是因为说出了心里话，一进门就很严肃的爸爸竟然开起了玩笑。大家都笑了。

训练师笑着总结："看起来，爸爸的话让东东放松很多，好像我们整个房间的空气都轻快了起来。这其实是沟通的神奇力量——爸爸的表达让东东理解了爸爸，也能帮助东东理解自己。我相信，在接下来里的训练营活动中，你们可以了解、学到更多！"

性急的小伙伴可以先看看第88页，"人家"家长怎么和孩子聊天的。

给东东和小伙伴们的攻略

压力是“一件事”吗

我们常常提到压力，它似乎是“一件事”或者“一类事情”，比如学习；也有人说压力是一种感觉，比如感到“压力山大”——那么，压力到底是啥？

事实上，压力是一系列复杂的心理感受和行为表现，不同人的感受和表现可能会有所不同。学业压力是一个压力来源，但它并不是唯一的影响因素。对于东东来说，初二的课业本身难度加大、自己的成绩不如之前好，都是“压力源”。通过训练营的交流，我们发现：原来东东的另一重压力是“父母对我的成绩很失望，他们因此很不开心”。

爸爸解释后，东东了解到爸爸的“不开心”和自己的学业成绩无关，爸爸妈妈也看到自己的努力——理解这部分后，东东就放松了很多。

压力的身体、心理和行为表现

“胃口不好？是不是压力太大了？”——大家都多少了解一些压力对我们身体的影响，最容易发现的可能就是胃口了，有些人在压力之下不思饮食，有些人则会胃口大开，甚至通过暴饮暴食来“缓解压力”。压力会导致的身体症状还包括：

疼痛（头痛、背痛，肌肉痛）；

心跳总是很快，出汗多；

睡眠问题（如难以入睡、早醒）；

疲劳，感觉精力不足；

肠胃问题（比如一到考试期就拉肚子）；

免疫力下降，变得更容易生病。

压力引起的焦虑、害怕和紧张的感受很容易识别，但由压力引发的其他心理和行为反应，就没那么明显了，比如容易生气、没有耐心、难以集中注意力、记忆力下降等。

面对压力，我们还可能出现两种反应：“拖延”和“假勤奋”。

拖延：我们可能会觉得学习任务太重，题目很难，需要看很多书、制订更加完善的计划，再搜集一些资料。然而越拖，时间越少，你越觉得自己准备不充分、害怕开始，越想越焦虑。

假勤奋：是指把所有时间都花在学习上，甚至牺牲必要的睡眠和运动时间。我们虽然会说“临阵磨枪，不快也光”，但是过度牺牲身体需要，挤出时间用来学习，不会真正带来预期的良好结果（因为良好的身体状态和清醒的头脑是学习能力的前提和保障），而是一种“我已经尽了最大努力”的心理安慰。

小练习

写下压力的信号

请尽可能地写出自己处于压力之下的“信号”（身体、心理和行为）：

____

请尝试观察家人或同学，记录下任何显示出他处于压力之下的“信号”（身体、心理和行为）：

____

请大家邀请家人描述，从他们眼中还看到自己有哪些压力之下的表现，把它们也补充进自己的“信号箱”——这会帮助你更好地了解自己，尽早地发现和评估自己的压力状态。

弄清自己的压力源

学会识别自己的压力信号之后，弄清楚压力源能够帮助我们采取有效的方式应对压力。理解自己是一件不容易的事，我们对自己的认识常常不够准确。东东以为自己的压力源是学习成绩，需要通过努力学习来解决这个问题——为此他每天只睡 6 个小时，因为太焦虑影响了胃口。但其实最让他担心的是父母对他的态度，东东以为父母对他很失望——如果没能理解到这部分，东东很难真正把注意力转移到学习上面。

可以说，学习压力常常不仅仅关乎学习本身，还和由学习或者成绩引发的其他担心有关。

通过一系列自我追问的自我访谈，可以帮助寻找压力源。我们以东东的同学小雪为例。

小练习

自我访谈

问：现在有什么感觉？

小雪：觉得胸口堵堵的，感到担心、焦虑。

问：你在担心什么？

小雪：马上要考试了，一想到这个我就觉得心慌。

问：考试可能会发生什么，让你这么害怕？

小雪：最近的课程很难，做练习的时候我总是做错，我一定会考得很烂。

问：考得很烂的话，会怎么样？

小雪：天呐，这太可怕了，还需要继续问下去吗？大家一定会嘲笑我！

问：同学们为什么会嘲笑你？

小雪：我可是班长，班长还考这么差，大家一定觉得我没有资格继续做班长。

问：做班长需要具备哪些素质呢？

小雪：最重要的是负责，班长是要为同学们服务的，而且要以身作则，要团结同学，要善于协调。

问：听起来，学习成绩不是唯一的决定因素。

小雪：是的，学习成绩是重要的，但是只保证学习成绩可不够的。

访谈到这里，小雪对自己学习的担心还在，但是没那么焦虑了。在自我访谈的过程中，小雪意识到自己的担心扩散到了自己的班长角色上。小雪在描述班长素质的时候，发现自己其实具备很多优点，自己也是通过这些优点才能够竞选成为班长。想到这里，小雪对自己有了很多信心。

自我访谈不仅可以用于自我对话，也可以和同学组队练习、互相提问，这也是了解彼此、增进友谊的好方式。

客观评估学业现实，制订合适的学习计划

通过前面的练习，相信大家都能对于自己的压力信号和压力源了解更多。那么，当学习负担过重、感到力不从心的时候，该如何做呢？

提醒自己：学习就像小时候玩游戏

学习是从不了解到了解、从不会到掌握、从没有到创造的过程——不是只有坐在教室里或者书桌前，上课时间或者作业时间的状态，才叫学习。学习带来新的经验和体验，让我们更加了解自己、了解他人、了解世界。我们甚至可以说，从一个人出生开始，他几乎总是在学习的，因为他一直在了解更多有趣的，体验更多丰富的。

为什么小孩子对游戏学习乐此不疲，长大一些后，却对学校学习感到压力山大呢？这往往是因为学校有考试、考试有分数，不理想的分数似乎意味着自己做得不好——这会让人感到难过。

请提醒自己，是我们在利用考试调整学习计划，而不是由考试来决定我们是否优秀。对自己说：嘿！你有那么多美好的优点，哪里都能通过分数判断呢？

借助老师和家长，帮助自己

爸爸妈妈丰富的人生阅历和老师们专业的教学经验，是我们身边宝贵的财富。考试是一种反馈，他们也是。家长和老师可以更客观地帮助我们看到学习困境的问题所在，有时可能是协助我们调整学习计划，有时可能是调整学习目标。

锻炼自己的“心理肌肉”

就像当你拥有强壮的身体肌肉，你会更有力量、更不容易受伤一样，如果能拥有更强韧的“心理肌肉”，会让我们拥有更充沛的心理能量，更“抗压”。

良好的生活习惯

睡眠可以消除疲劳，增强免疫功能，还会恢复脑细胞活力，增强学习和记忆的能力，睡得好还能让我们拥有好情绪。因此，不要牺牲睡眠去学习，这是“赔本买卖”。很多人觉得午睡会让自己下午更清醒，如果你有午睡习惯，注意不要超过30分钟，以免影响晚间睡眠。下午以后不要喝咖啡或者奶茶，创造安静、舒适的卧室环境，规律的入睡时间，都可以帮助你拥有一个好睡眠。

运动可以锻炼肌肉、缓解压力、感受自信！慢跑、游泳、瑜伽，是较为温和的运动，如果你喜欢和朋友互动，足球、篮球、网球或者羽毛球等可能会让你更想运动。任何类型的运动都有助于心理健康，注意保证运动的时间和频率，比如每周2～3次，每次30～60分钟。最重要的是适合自己，哪怕从10分钟开始，运动时要注意保护自己，不要受伤！

更新想法，感受积极

压力越小越好？当然不是。我们一直在谈论如何面对学习压力，似乎压力是个“坏东西”，要对它赶尽杀绝。想想看，如果一个游戏毫无难度，你还会很有兴趣吗？过低和过高的压力都是不利的，只有适度的压力才能让我们发挥出最大的潜能。现在，就开始去探索和感受自己的适度压力吧！

想法可以改变感受。假如明天开学，想象下自己的感觉，是紧张？沮丧？还是兴奋或者开心？留意下头脑中的想法，感受不是凭空产生的，和我们的想法紧密相关。如果你的想法是：“天啊，新学期的课程我能搞定吗？”或者“愉快的假期真是眨眼就没了”，你的感受可能是紧张和沮丧。但如果你的想法是“哇，马上又见到同学们了”和“好期待这学期的运动会”，你可能会觉得兴奋又开心。

“自言自语”，增加自信

你会自言自语吗？有研究提示，如果你用第三人称的方式称呼自己的名字，这样的自言自语可以有效地降低焦虑、增加你的自信！比如，你可以这样对自己说——

考试前：“别紧张，东东，你的成绩一直很稳定的，只要你正常发挥，你一定会取得理想的成绩。”

上台发言前:“自信点! 小雪,大家都很喜欢你,很多人都说你的语言表达能力特别好,快和大家分享吧!”

聊一聊，很重要

良好的人际关系是心理健康的重要保障。和朋友一起的开怀大笑,父母、亲人的爱和支持,老师给予的某一句温暖鼓励,都能让我们感受幸福和力量。在我们感到压力和焦虑的时候,高质量的聊天会让我们感到被理解和支持,重获信心。几个要点请注意:

选择信任的聊天对象,对方是善于倾听的,对方现在方便;

如果可以,直接告诉对方你需要怎样的支持,对方会更容易帮助你。比如我很难过,你听我说说就好;关于我的英语学习,你能给我一些建议吗?

聊天结束后,记得感谢对方。

帮助自己放松

我们感到压力和焦虑的时候,身体也是紧绷的,当我们身体放松下来,也可以帮助我们缓解压力。深呼吸、拉伸、热水澡等都是有效的放松方式,深呼吸可能是适用于最多场景的。如果你愿意,现在就来感受一下——

在椅子上舒服地坐下,双脚平放在地面上;

双手放在大腿上,闭上眼睛;

深且缓慢地呼吸,用鼻子吸气,用嘴巴呼气。你可以边吸气,边默数1、2、3,再一边呼气一边默数1、2、3;

如果你不喜欢数数,也可以把注意力放在肚子上,感受它的鼓起和回缩;或者把注意力放在鼻腔里,感受吸气时的微凉;

这样吸气和呼气持续一两分钟,然后睁开你的眼睛。

给东东爸爸妈妈的攻略

给东东的攻略，爸爸妈妈都看了吗？毕竟家有儿女，多一分了解，也就多一分"恰到好处"的爱。那我们进入下一个环节吧！

东东的学习压力来自何处

刚入初一，学生会对一切新事物感到好奇与兴奋，有新环境、新老师、新同学、新学习方式，会凭借着这股冲劲完成学业任务，并尝试与他人进行"友谊的试探"。通常学生到了初三的时候，中考迫在眉睫，面对这样的"头等大事"，反而更能够沉下心去盯着学习，达到某种程度上"正念"的效果。

然而进入初二，这样一个略显尴尬的阶段，反而有了诸多的不适应。初一的"兴奋劲"过了，进入了"平缓期"，课业难度却爬了一个陡坡，心思难免就出现了转移。打个比方：当我们持续盯着一个苹果，如果压力强度不足够大，或者任务重点不突出，我们的视线就会不受控制地转移。

东东也面临着这样的情况，一切的环境都不再是新异刺激了，课程上有非常多的高难度知识要掌握，并且初二时课业并不会区分"重点""难点"，目的性的学习非常少，只有一个模糊的印象："我都需要学习""我都得了解"（初三的学习则是"查漏补缺"，主次分明，重点掌握，其他一般了解即可），容易一时之间让人摸不着头脑，压力模糊。只感觉铺天盖地的"乌云"，却不知是哪里的云更薄、哪里的云更厚。

了解了这些初二学生常见心理变化、心理感受之后，我们再来思考"东东的压力真的只有学习这一件事儿吗"？

他真的只有学业压力吗

我们可以看到东东因为学业压力变化很大，本就内向的他越发沉默寡言了。此时,心细敏感的他还注意到了父母的生活状态也变化了,爸爸不再出去社交了,爸爸妈妈特意请假陪着他参加训练营。想必爸爸妈妈已经注意到了,这里的压力,一部分是东东自己的,一部分是因为爸爸妈妈的付出让他有了压力,也有"父母对我的成绩很失望,他们因此很不开心"。

当在训练营中,爸爸解释了自己"不开心"的原因后,东东轻松了很多。可见父母的"情绪"也对孩子情绪有诸多影响。虽然青春期的孩子不再像小时候那般视父母为天地,但他们依旧一边想要独立,一边想要仍然依赖。他们的生活环境除了学校就是家里,所以他们首先就是从父母、老师、同学那里获得对自己的反馈。因此,让孩子明白父母的情绪的指向性是非常重要的。

在训练营中,东东的爸爸妈妈在训练师的提问之下做了很好的示范。妈妈通过对东东具体行为的反馈让东东知道,原来自己的努力都被父母看到了。爸爸一反常态地解释和承认自己在工作中的困难,让东东一下子放松了。

父母的低气压、叹气加重了东东的压力,父母坦诚的解释与肯定让东东放松了许多。

识别东东的压力

在上一篇写给东东和小伙伴的攻略中,曾有教孩子如何识别压力,那么作为爸爸妈妈要怎么观察孩子,识别他是否遇到了困难呢?除了父母天然的敏感之外,还有几个方面请父母可以稍做观察。

学习成绩:最直观的就是成绩变化了;

饮食情况:在某一段时间(特别是考试前后)疯狂进食或是吃得很少;或者某一段时间格外爱吃巧克力、冰淇淋等甜食;

睡眠问题:很晚入睡,经常起夜;

精神状况:看起来情绪不佳、无精打采;

身体状况:胖了或是瘦了,免疫力下降,变得更容易生病;

亲子沟通:回避或是减少沟通,回避眼神交流;

社交状况:反常态地很少与同学出门、沟通减少;

兴趣爱好:打游戏、追星。

在东东的故事里，我们看到东东的爸爸妈妈观察到东东瘦了很多，每天只睡 6 个小时，成绩有些波动和变化。这些都是非常直观的外在表现（在这里请记下这个"直观的外在表现"，后面有用）。

请注意以上几点的观察只是几个观察的方向，更多需要基于孩子的平常表现，比如爱吃冰淇淋也许只是新款上市了；体重变化也可能只是青春期的体重增加或是"抽条"；打游戏也许是一时的兴趣，也能够自控；追星也许只是她/他的社交需求，与压力不搭界；也许有的孩子一直都是"自娱自乐"型，或者"偏内向"的，那么"社交状况"那条就不适用了。当然不是出现所有的"反常态"现象就需要"警铃大作"，也许这只是他们漫长人生路途中的一点不一样的颜色罢了。

观察到了现象，是否需要提高"警惕等级"，就需要与孩子"沟通"了。

与东东讨论学习：沟通

这里提到的"沟通"稍微有些不一样，包含了行为与语言。青春期的孩子脆弱又敏感，如果一点小事直接沟通，也许适得其反，却得到青少年"唠叨""烦不烦啊""这也要管"的反馈。

行为上的沟通

首先可以在行为上有所变化，逐步增加一些亲子间的肢体接触，比如轻轻拍拍肩，给一个大的拥抱，可能会让孩子感到支撑和温暖，或者能够克服眼前的困难，或者为后续的语言沟通给予铺垫。但是这些行为一定不能演变成"专家说"的形式上的动作，就只是不带压力的关爱，孩子不想要拥抱就不抱吧，毕竟尊重每个成长中的"小大人"是第一位的。

其次，多一点点生活上的照料，请父母一定把握一下尺度，爱护一点点地给，用不着"铺天盖地"全方位包裹。可以做的事情有：增加一家人的集体娱乐活动，比如从完全没有到一个月一次；比如一个星期一家人都很少一起吃饭，那就一周安排一次共进晚餐；增加一些益智游戏/手工活动，以一种合作的方式进行，尊重他的选择与边界。

这些行为沟通看起来似乎与学习完全不搭界，会有用吗？其实，这些都是互动性极强的行为，增加"你来""我往"本身就是一种沟通，以尊重的态度增加接触，让青少年切实感到后背的靠山并没有随着他年龄的增长而远离。这种切实感就是一种支撑的力量，可以帮助他克服小的困难，在无法解决的困难面前也可以回头寻求帮助。

语言上的沟通

语言上的沟通需要牢记"尊重""平等""客观""具体""温暖""不指责"的原则，再来与青少年讨论他的学习、讨论他遇到的困难。

观察一段时间后，结合学校表现，邀请孩子与你进行一个小的谈话。时机是青少年与家长情绪都比较平稳的时候，地点就选在一个安静的环境吧，主题就是聊一聊是否遇到了什么困难。将你观察到的"直观的外在表现"表达出来，如"瘦了很多，每天也就睡 6 个小时"，这么具体的时间说明家长切实的关心。然后真诚地表达你的态度："我们的确很想帮帮东东""成绩有波动和变化是正常的"，你的关心："这个孩子从小就很乖，我们其实更担心他的身体"以及愿望："能够调整好心态，甩开过多的压力去学习"。

小场景

和他沟通他的困难

家长：来，我们来聊一聊。

青少年：……（心理紧张，是要跟我讨论成绩吗，有些不情愿地坐好）

家长：我确实是来跟你讨论学习的。我看见你最近每天回家就直钻书房，除了吃饭就不出来了；睡得也很晚，晚上 12 点还没有关灯；早上又哈欠连天地起不来；瘦了不少。是学习压力太大了吗？

青少年：额，最近作业有些多。

家长：其他同学也是这样要写到晚上 12 点吗？

青少年：也有差不多的，也有写得快的。

家长：唉，但是我感觉你好像最近情绪状态也不高的样子，笑得比之前少了。

青少年：作业太多没睡好，当然就不高兴了。

家长：需要跟老师反馈作业情况吗？还是说我们可以看看哪里提高一下效率？现在睡得太少，我很为你担心，怕你吃不消，影响健康。

青少年：不用讲了吧，我先再试试看吧。

家长：或者可以跟我具体讲一讲最近学了什么吗？我也不知道能不能帮到你，但是还是希望我可以帮你分担一些困难，不然时间久了我担心你吃不消。

青少年：应该用不到你帮忙吧，我可以问老师和同学。

家长：是浮力还是电路图比较难懂？也许有的我会，提前解决也行的。一时成绩不稳定也很正常，也有可能某个方面就是不太擅长呢？但我想听你讲一讲你的困难，可不可以帮你出出主意？看着你压力大我也想搭把手，起码叫你起床或者喊你吃饭这总该是没问题吧。

青少年：那行吧……

也许有些家长会觉得学习是一个禁区，我们得小心翼翼，不能与青少年讲这件事。或者有的家长直接是相反的举动，每天必问你今天学得怎么样，你成绩还能进步吗？关于学业我们需要平等地交流，这样才能知道他无法克服的困难或瓶颈是什么，或是提供帮助，或是提供支持，或是我们能做的也只有倾听和理解，给予安慰。

不论什么样的沟通，都请讲究一个循序渐进，因为离开“训练营”和“心理咨询室”的环境，突如其来的变化也可能导致青少年的退缩，也有可能感受到爸爸妈妈欲速而不达的焦虑。

合力前进：配合孩子的学习计划

在上一项沟通之后，青少年可能有条理或者无条理地描述他的困难，请家长继续保持这种沟通态度，协助他梳理困难和压力的来源，逐个寻找解决方案，制订学习计划，并配合他的学习计划。请遵循以下原则：

1. 只提建议，不作决定：家长免不了会担心孩子无法完成计划，或是认为计划不具有可行性。家长可以提出自己的建议，并请具体分析自己的观点，向孩子表明作为参考，决定权在他。青少年终究是要为自己的选择承担一定的责任。

2. 保持边界，尊重青少年：青少年正是自我同一性形成的时期，开始认识自己了解自己，需要感受到自己是个独立完整的个体。给他空间与时间独立思考，不过多涉足他想要保留的“隐秘的角落”，鼓励他勇于探索与尝试，鼓励他与现实社会相连接（小到家务，大到联系社会）。

3. 最后兜底，总结经验，避免指责：青少年因为自身认知、阅历的局限性，避免不了决策错误，但作为家长也不能就此放任不管，任其承担所有后果。家长应视具体情况为定，陪伴他总结经验、吸取教训，重新再来，避免指责“让你不听我的，现在吃亏了吧”“我走过的桥比你走过的路都多”类似言语。

最后也请关心你自己

回到故事的最开始，东东爸爸因为自己工作问题，让东东误以为爸爸是因为对他学业的失望而生气。父母的情绪会影响青少年的情绪，也影响他们对自己的认识。另外一个故事是，一个女孩子五年级之后每天见到爸爸回家就叹气，也不再陪伴自己游戏，以为是自己做得不够好，因此爸爸不再喜欢自己。这个女生成年后，也一直陷入“自己不够好”“自己做不好”的认知之中。所以父母保持良好心态，让家庭回归温馨、包容是非常重要的。

管理情绪：生活工作中总有种种不如意，孩子学业变差也会加重家长的不良情绪，适当学习管理情绪和压力的技巧，比如事件具体化分析，转移注意力，放松训练，运动娱乐均可。

解释情绪：生活中必然会有无法控制情绪的时刻，当这些时刻出现时，记得向孩子进行解释情绪的来源以及针对对象。如果这些情绪中确实包含了对青少年学业的不满意，可以用百分比的形式解释，而不要隐瞒。比如：我最近确实状态不好，50％是工作的原因，30％是你奶奶生病了我很着急，20％是你的成绩有波动，我会替你担心。

接纳不足：现今青少年的学业难度越来越大，也许与他们一起制订学业计划时，你确实无法给予更多帮助，但没关系，了解这一点之后大方地向青少年承认，并承诺会陪伴即可。当情绪无法控制时，也没有关系，意识到这点，接纳它。

后　记

经过几次训练营的学习，东东逐渐学会了识别自己的压力“信号”，并开始能够分辨压力的来源，是源自学习本身还是其他因素。东东的父母也意识到，他们无意中的态度对东东会带来影响，在训练师的帮助下，东东与父母很快学会了主动、积极地互相沟通。整个的家庭氛围因此都放松了下来，全家坦然地接纳了东东目前的学业状况。他们共同探索适合东东的减压方式，制订有效的学习计划。压力减轻之后，东东的注意力逐渐恢复了，生活作息和身体状况也得到了调整。东东的学习状态逐渐找了回来。

寻找生活中的小确幸

看什么都很"丧"的悦悦

爸爸开着车，妈妈看着窗外，悦悦盯着手机，去往训练营的车里安静得犹如无人之境。这次参加青春期训练营是爸妈的主意，悦悦对此没什么想法。其实不仅仅是对参加训练营，她似乎对很多事情都没什么想法。

妈妈打破了沉默："悦悦，今天在学校开心吗？"

"一般吧。"

"今年暑假悦悦有什么想法，我们去哪里玩？"

"无所谓。"

"表姐上周约你去攀岩，你怎么不去？"

"攀岩没意思。"

又是一阵沉默。

"悦悦，我们得好好谈谈，你为什么总是无精打采，看上去不开心的样子？"

"我没有不开心啊。我只是不知道有什么值得开心的，生活就是这样。"

"孩子，生活这么美好，你不该这么消极！"

"生活哪里美好？这明明就是再无聊不过的生活！你们觉得自己的生活很有意义吗？你们只在乎赚钱多不多、孩子乖不乖，能不能成为炫耀的资本；同学

之间只有攀比，小圈子里勾心斗角；老师只关心我们的成绩；现在努力不过是为了将来生活得好一些，而将来我就会变成和你们一样的‘社畜’，我现在这个样子，再怎么努力也没用……反正生活就是这样，很无趣！”

悦悦的这番话让爸爸妈妈无言以对。也正是这个原因，爸爸妈妈这次下定决心带悦悦一起参加这个训练营。

通往训练营的路旁绿树成荫，微风拂过，空气中散发着阵阵花香，但是对悦悦一家来说，这一切丝毫没有打破沉闷的气氛。他们走进训练营的大门，已经有好几个家庭到了，悦悦扫视了一眼，心想：“为什么要来这里，真是既无聊又尴尬。”

面对训练师，妈妈小心谨慎地说：“其实悦悦没什么大问题，她是个很乖的孩子，从小就很听话，很体谅父母，老师也一直说她是班级里很省心的孩子。虽然成绩一般，宅了点，有点小自卑，但小时候还是不错的……”训练师轻声打断：“那么你们主要想要解决的问题是什么呢？”妈妈的表情瞬间黯淡下去：“她不和我们交流，眼睛总盯着手机，对游戏也有些太过入迷……”爸爸接着说：“最主要是我们发现这孩子越来越‘丧’，她总是一副对什么都无所谓的表情，觉得现在的生活没意思、没意义。到底怎么才算有意义，我们真的不懂，说实话，我觉得她有点矫情，她应该多交朋友，多看看别人，就不会只沉浸在自己的世界里悲春伤秋了。我们希望她是一个积极乐观开朗的孩子，给她起名‘悦’是希望她的人生可以常感喜悦，可是我们发现事情正在往反的方向发展，她越长大越不快乐，对未来的想法很悲观，做事情也没动力，我们很担心她……”

悦悦轻声叹了口气，望向窗外，又是一阵沉默。爸爸妈妈有点着急了：“悦悦，你和医生说一说你的想法，别又摆出一副无所谓的表情好嘛。”训练师轻声阻止了父母的催促：“看来悦悦还没有准备好怎么描述这个深刻的问题，我们不妨给她一些时间。对生活的意义的思考是青少年期常见的想法，其实不仅仅是青少年，这也是关乎生命的终极问题，我的生活乐趣在哪里？我的一切行动是为了什么？如何度过一个有意义的人生？悦悦，这里正在进行一场很有哲学意味的思考。”悦悦缓缓地转过头来，看向训练师，目光中充满了期待和好奇。

想做一做“小确幸”游戏吗？有三关，可从第 96 页开始。

给悦悦和少年们的攻略

什么是“小确幸”

小确幸，是生活中微小但确切的幸福与满足。哪些是小确幸呢？很多事物都可以，只要你用心去体会。就像小确幸这个词的创造人，日本作家村上春树在文章中说，他自己选购内裤后，把洗涤过的洁净内裤卷好，然后整齐地放在抽屉中，就是一种微小而真确的幸福与满足。但是在我们的生活中“小而真确的幸福”似乎总那么少，是我们太不幸了吗？还是我们缺少发现小确幸的眼睛呢？

其实所谓哲学三问：我是谁？我在哪？我的生活意义在哪里？是我们在青少年阶段常常会思考的问题。借用列夫·托尔斯泰在《忏悔录》中的文字：“我们跋涉过这一生，生命活动无可避免地有停摆的一天，所有记忆终会烟消云散。”我们在地球上的有限生命，是否存在更深的意义？如果存在，那便需要正视从童年时期就开始被社会主流价值观灌输的“前途”之说。例如老师和家人鼓励我们获得学业上的成功、未来事业上的成功。我们的文化还加上：圆满人生也该有美好爱情、牢固友情和社会交往。

这场深度思考并非一次矫情的“青少年危机”，而是人生的一段必经之路。尝试重新定义自己的价值有助于我们更好地了解自己，摆脱“丧”，拥抱生活中的小确幸。

与“小确幸”相对的，是“丧丧感”，也就是消极心态。

正如第一章对青少年心理特点的归纳，青少年一方面由于心理发展不成熟；另一方面由于社会交往范围日益扩大，置身一种充满竞争的学校或社会环境，于是个别差异在相互交往中被突出了，在这种外环境背景下，不少青少年将“优越感”“number 1”“父母口中别人家的孩子”作为自己追求的目标，由此引起了种种消极的心态及行为。

赶走“丧丧感”：自卑

最常见的消极心态是自卑感。自卑是一种因过多的自我否定而产生的自惭形秽的情绪体验。自卑感在人群中相当普遍，只有当自卑达到一定程度，影响到学习和工作的正常进行时，才归之为心理疾病。在人际交往中，主要表现为对自己的能力、品质等自身因素评价过低；心理承受能力脆弱；经不起较强的刺激；谨小慎微、多愁善感，常产生猜疑心理；行为畏缩、瞻前顾后等。

自卑心理的产生，主要来源于心理上消极的自我暗示。例如先天或后天的原因，有些青少年会因为个子矮、过胖、五官不正、身体有残疾或缺陷等抑制了自己天性的发挥，于是感到精神压力重重，常怀疑或担心自己的缺陷被人耻笑，因而不敢主动交往或接受友谊。有些青少年因为学业上、社交能力上表现平平感到自卑。因为在群体中表现不出色而对自我能力评价过低，其带来的消极暗示，甚至对整个自我的消极认识，认为自己“处处不如别人”，使得青少年在交往中过于拘谨，放不开手脚，担心自己成为笑料或不被人喜欢。

如何克服自卑呢？

青少年由于知识、经验的不足，失败时往往找不到恰当的方法排解自卑感、挫折感，结果出现恶性循环——失败导致自卑，自卑引起失败。在漫长的人生征途上，只有一帆风顺是不可能的，挫折和失败倒是常客，对此持平常之心，就不会在感情上产生很大的波动了。

自信是消除自卑，促进成功的最有效的补偿方法。凡事都要有一个必成的信念，要对自己有充分的信心，对事态发展的前途抱乐观态度。在自信的基础上，建立符合自身实际情况的“抱负水平”。“抱负水平”是指个体将某件事做到某种程度的心理需求。“抱负水平”不宜定得太低或过高。定得太低，激不起奋斗热情，反而引起惰性；定得过高，超过自身能力，达不成则易引发“失败感”。所以，“抱负水平”必须符合自己的实际条件。每个人都有自己的长处和短处，要学会对自己做出公正的全面的评价，既不沾沾自喜，又不顾影自怜。不要死盯着自己的短处，背上一个沉重的包袱，要善于挖掘和发展自己的优势，以补偿自己的不足。

找一找

"小确幸大搜查"游戏第一关

闯关密码是玩家至少找出自己的三个优点，优点越多解锁越快，请填写：

1. ______________________________

2. ______________________________

3. ______________________________

4. ______________________________

赶走"丧丧感"：孤独

有些青少年常常觉得自己是茫茫大海上的一叶孤舟，性格孤僻、害怕交往，莫名其妙地封闭内心，或顾影自怜，或无病呻吟。他们不愿投入火热的生活，却又抱怨别人不理解自己、不接纳自己。心理学中把这种心理状态称为闭锁心理，把由此而产生的一种孤单寂寞的情绪体验称为孤独感。

青少年产生孤独感的主要原因是什么呢？

青少年处于生命发展过程中从不成熟走向完全成熟的过渡时期，在这个过渡期中，他们的实践范围在逐步扩大，逻辑抽象思维能力也在迅速加强，于是开始积极地用自己的内心去体验世界，觉得自己长大了，不愿再盲目地依从父母。力图摆脱对成人的依赖和追随，但现实又让人心生不安全感。为了走出这种困境，多数青少年积极投入同龄人交往，但也有少部分人站在人群外观望，或不屑于与同龄人交往，唯我独尊；或害怕增加不安全感而紧张不适，从而转向自我内心的交流。

青少年智力的发展几近成熟，这有力地促进了其自我意识的发展，已基本能正确进行自我观察、自我评价和自我调控，并常会产生关于自己的许多独特的想法和憧憬，发现自己心灵中的美，也看到自己心灵中的丑。由于青少年自尊心的增强，个人隐私的范围逐渐扩大，往往担心自己的某些方面会被人耻笑，于是小心地在心中构筑起一道篱墙，锁闭自己内心的秘密。

独立意识是一种向外的力量，自我意识是一种向内的力量，它们与青少年生理、社会性发展的不平衡相互作用，因而产生出孤独感。深沉的孤独感会产生挫折感、寂寞感等，严重的甚至厌世轻生。我们应该力求避免陷入孤独，但却没有必要害怕孤独，对孤独要有辩证的看法。孤独并非孤立，不一定是坏事，要学会享受孤独。我们知道，有些伟大的思想者，可能找不到可以对话的人，只能向自己的内心世界掘进。这也许正是天才的萌芽。

如何摆脱孤独呢？

开放自我，真诚、坦率地对待别人。如果更积极一些，也可以主动亲近别人，关心别人，因为交往是一个互动互酬的过程，所以别人也会对你以诚相待。扩大社交面，融洽人际关系，孤独感就会消退一些。此外，平衡理想和现实的差异。既不自傲清高，做脱离集体、高高在上的“超人”，也不自卑多虑，脱离同伴，做索然独居的“怪人”。从文化教养到兴趣爱好的各个方面，与朋友相互沟通、相互学习。培养广泛的兴趣爱好，为自己安排好丰富有益的业余生活，把思想感情从孤独的小圈子中脱离出来，投入现实的活动中去。

试一试

“小确幸大搜查”游戏第二关

游戏第二关需要你在训练营中结识 3 个伙伴，请描述你的新伙伴，谈谈自己和伙伴的共同点和不同点。

自己：____

伙伴 1：____

伙伴 2：____

伙伴 3：____

赶走“丧丧感”：挫败

青少年怀抱着许许多多的幻想、希望，为将其变成现实，他们会付出种种努力甚至做刻意的追求。当这种需求持续性地不能得到满足或部分满足时，就产生了挫折，挫折也可出现在需要得不到满足而情绪紧张时。如果挫折产生于较为重大的目标，如学业、工作、爱情等方面，这种挫折可称之为失败；如果这种挫折的障碍与压力持续时间长，影响范围广，使其处于一种不利身心发展的人生位置，则称为身处逆境。挫折、失败和逆境会给青少年带来失望、压抑、沮丧、忧郁、苦闷这些紧张心理状态和情绪反应，心理学上称之为挫折感或挫折心理。

挫折感的强弱，往往决定于我们的知觉判断。其实，知觉判断仅仅是一种具有整体性特点的感性认识，所以当挫折产生后，要认真分析引起挫折的对象的实际情况，做出实事求是的估计，然后再检查自己的判断是否符合实际。如果发现自己的知觉判断夸大了事实，就要改变对引起挫折对象的认识，从而减轻挫折感。如果发现挫折是因自己的错觉造成的，便可以很快消除挫折感。

如何消除挫败感？

不同的人对于挫折的承受力是不同的。挫折承受力不仅与一个人的性格、气质有关，也与人的抱负、经历、意志等相关。比如，同样是遭到诽谤，外向的人可能暴跳如雷，骂人，发牢骚，以求心理平衡；内向的人则可能流泪叹息，用读书等其他活动转移自己的注意力，以求忘却。怀有远大抱负和有过艰难经历的人对一般的挫折会泰然处之，也许会把挫折看成一次考验机会。但同时我们也需要意识到，挫折产生后，谁都会感到紧张、烦闷，行为也不免有些失常。在这种情况下，如果能控制好自己，有意识地运用心理防御机制，采取一些比较积极的间接反应方式，从而避免加重挫折或由挫折带来新的挫折。

容易产生挫折心理的人常常有这样的心理：认为人很难改变命运，认为锲而不舍不会创造奇迹，相信运气比正确的方法更重要，认为不好的运气会抵消所有的努力；无法相信他人，也难以与他人建立友谊，他们转学、调动工作、搬家后难以适应新环境。

不要把痛苦埋在心里，应当主动分散挫折的压力，向老师、同学或亲友倾诉。争取别人的谅解、同情与帮助。这样可以减轻挫折感，增强克服挫折的信心。受挫折后，一般人都会感觉度日如年，这时，需要适当安排一些健康的娱乐活动转移自己的视线，走到户外去呼吸大自然那新鲜的空气。丰富多彩的闲暇活动可以使挫折感转移方向，扩大思路，使内心产生一种向上的激情，从而增强自信心。

填一填

生活中的一些小事有助于产生积极体验，提升积极情绪。哪怕只是一朵花、一棵树、一朵云。表格中列举了部分小事，请继续解锁你的小确幸，并填写在空格表中。

“小确幸大搜查”游戏第三关

		晒太阳
买一束鲜花		
	烹饪美食	
		认识新朋友
计划明天的日常		
	闻喜欢的味道	

当我们进入一个专心致志、活在当下、浑然忘我的状态，才会感受最真切和细微的幸福与满足。小确幸就是这样一些东西，如：肚子饿了，家里正好有喜欢的零食；新买的洗头膏，碰巧是自己喜欢的香味；记忆不深的考题，成功地避开错误答案；排队时，你所在的队动得最快；自己一直想买的东西，但是很贵，一天你偶然在小摊低价买到了；运动完后，有冰镇透了的饮料喝——这些都是生活中小小的幸运与快乐，是流淌在生活中的且稍纵即逝的美好瞬间，是内心的宽容与满足，是对人生的感恩和珍惜。卸下心防，走出心墙，当我们逐一将这些小确幸拾起的时候，也就找到了最简单的快乐与幸福。

给悦悦爸爸妈妈的攻略

当孩子不开心时，父母不要急于把自己的解决方案丢给孩子。

当悦悦不开心或者表现有些丧的时候，妈妈很着急，迫不及待地将自己认为开心的事情告诉悦悦。然而实践证明，悦悦不愿意接受这样的安排，反而表现得更消极。

其实我们可以想象一下，当妈妈在单位遇到了麻烦，回到家跟爸爸讲自己的遭遇后，爸爸听了没几分钟就说："你应该这么做……"或者"那样做……"妈妈的心情会不会好转？反而会更糟糕吧！这是因为妈妈的沮丧、伤心和愤怒没有被看到，妈妈的情绪没有被共情。但是，如果爸爸不是立刻给出"聪明"的建议，而是给妈妈倒杯水，坐在妈妈身边，搂住妈妈的肩膀或者抚摸妈妈的后背，听她讲完，给予安慰，妈妈一定会感觉温暖和被支持。在倾诉完之后，妈妈的情绪得到平复，会自己主动寻找解决问题的答案，也更容易听取一些理性的建议。

父母和孩子的相处也一样。当孩子表现出不开心时，我们家长首先要做的是共情，带着共情的态度倾听孩子内心的声音，然后才是给出恰当的建议。其次不要给孩子贴标签，比如妈妈说悦悦很"乖""性格好""宅"和"听话"，这些标签会成为父母与孩子共情的障碍，孩子会试着满足父母的期待，而不能表达自己真实的需要。

学会找到自己的"小确幸"

青少年的大脑发展是以缓慢和不均衡的轨迹进行的。因此我们会看到青少年的情绪和行为也像"六月的天，孩儿的脸"一样变化多样。

这意味着当我们看到他们早上愉快、中午烦躁，第一天很能干、第二天又毫无能力的表现时，要时刻提醒自己这是青少年应有的样子，这时候作为家长的我们最重要的是有耐心，等待他们愉快的时间越来越多，能干的行为越来越多，这个过程就像等待一朵花开放一样，每一个美好的瞬间都值得感恩和期待。

或许有的家长说:“我的孩子虽然这次考试成绩进步了,但是他/她如果少看会儿手机,成绩进步会更大。”请注意当我们评价和批判孩子时,我们将无法产生好的感觉。怎么办呢?家长需要时刻提醒自己“不批判、不评价、活在当下”。当我们说“孩子如果少看手机”,我们看的不是当下孩子取得的进步而是孩子看手机这件过去的事情,这件过去的事情让我们很烦恼。然后家长需要用心记录他们美好的瞬间,这些美好的瞬间也是我们做父母的小确幸。

家长的言传身教对孩子很重要,即使是青春期的孩子。当我们希望孩子能够感受生活的美好,感受生活中的小确幸,那么我们应从自己做起,去观察那些能引发我们感受幸福和满足的小事情,去体验那些微小的幸福和满足。唯有自己明白才能带动孩子一起寻找生活的小确幸。比如:和很久没有见面的朋友喝一个下午茶;跟孩子一起看一场电影;一家人共同完成乐高积木等。

改变养育方式

青春期的孩子需要获得足够的知识和技能来与家庭的保护性环境分离并独立。这个让人烦恼的过程是发展心理学家认为的适应性生存机制。

我们可以看到在青春期阶段,青少年的大脑在飞速生长,它为青少年提供了一个可以迎头赶上的机会,也为父母提供一个可以弥补之前养育关系中薄弱环节的机会。以往事事由父母做主的模式是非常需要发生变化的,父母不再适合控制孩子,而是引导孩子成为能够应对危险的有能力的人。

请主动放手!

青少年从和父母一起生活的舒适圈中分离出来后,将进入更有压力、更复杂的外部世界。这意味着父母要主动放手,不做孩子成长路上的障碍。在这个外部世界里,他们将和同龄人成为伙伴,学会自己学习,得到同伴的认可和接受,甚至与其他人建立新的亲密浪漫的关系,最终能够独立思考,并成为一个独立发挥自己功能的成年人。神经科学强调,让父母抓狂的特质,正是那些进化过程中让青少年得以生存下来的特质,让他们凭借自己的实力成为一个成熟的成年人。

看到这里,父母可能会感到自己没有了舞台,实际上亲子关系对青少年来说仍然非常重要。父母的建议可以帮助他们控制情绪波动、同伴的困扰、猎奇和冒险行为,还可以帮他们避开一些非常危险的情况,促使他们做出更恰当的反应。问题的关键是,父母不能完全控制他们,也不能完全改变他们的方向。如果试图去完全控制,往往会适得其反。研究表明,青少年主要想从朋友那里学东西,但并不是全部。那么从父母那里,他们想要获取的是智慧。有时候,他们想知道,父母在他们这个年龄时会因为什么而挣扎,以及父母是如何了解这个世界的,此时父母需要谨慎给出建议。

恰当地给出建议

父母如何回应孩子的行为,取决于父母如何理解这些行为的意义,而不是行为本身。举个例子:初三学生小宇马上要中考了,承受着巨大压力的小宇写作业总是拖拖拉拉。妈妈一开始认为小宇就是懒惰,不求上进,她不停地唠叨,催促小宇快点完成,但是效果很差。后来妈妈认识到小宇的拖拖拉拉是因为过于焦虑,做作业感到很累,所以才回避做作业。当认识到小宇需要关注和安抚后,妈妈不再烦躁,而是冷静地帮助小宇养成更好的作业习惯,积极解决小宇的问题。

科学支持的父母以一种积极乐观的方式来构建青少年的社交、情绪和寻求奖励的行为。当父母以一种更加积极、更少控制的方式对待孩子时,他们就不需要将父母拒之门外。也就是说父母用更加积极的方式对待他们,他们就能更多地接受父母所说的话。

给出合适的限制

请让设定限制成为可协商的过程,给青少年设定限制,就像在工作场合使用的双赢或者"达成一致"的谈判策略。每一方都给出自己的意见,双方都感觉到自己的意见被听见,双方都得到了一些他们所需要的东西。

比较常见的是手机的使用时间。请牢记我们养育的是当下拥有的孩子,而不是希望中的孩子。现代社会,文化变迁的速度快到可以用日新月异来形容,往往父母在一种文化中成长,而孩子们在另一种文化中长大,也就是说父母是在一个自己不太熟悉的文化中养育孩子,所以我们家长是在帮助青少年适应他们的社会，而不是我们记忆中的过去的社会。当父母可以保持开放的态度，在珍视和保持旧有东西的同时，为新的东西留出空间，那么亲子关系就可以为应对这种代际之间的变化提供可能。

以身作则

虽然青少年看起来对父母不屑一顾，或者挑剔父母，实际上 13～24 岁的年轻人，仍有 3/4 的人认为与父母的关系是让他们幸福的源泉。研究表明父母网络成瘾、酗酒、吸烟等成瘾行为具有一定的代际传递现象，这种传递与亲子互动密不可分。父母使用电子产品的行为为青少年使用电子产品提供了一种潜在的模仿对象，使得认知控制系统功能发展不完善的青少年容易发展为网络游戏成瘾。父母在使用电子产品时对子女情感需求的忽视，也是青少年网络游戏成瘾的促进因素。所以放下手里的手机，真正参与到孩子的生活中，不妨和孩子一起看书、听音乐或者下棋。

不断练习

1. 练习通过对话而不是教导来教孩子

可以跟孩子分享为什么你认为尽管遇到挫折，坚持追求目标是好的；为什么你认为即使没有好的结局，付出努力的过程依旧值得。对话是开放的，双向的，不是单方面的演说。不要对别人的性格做出消极评论，说对方懒惰、态度恶劣等，即使孩子对你发脾气，你的言行也会对他/她产生影响。

2. 练习成为一个善于倾听的人

青少年会有不同的兴趣，如果想要激发他们的好奇心和学习热情，你必须保持开放的态度，允许他们自己的表达，花更多的时间了解他们的看法，这样才能更走近他们。

3. 练习从冲突和伤害中迅速恢复

青少年和父母之间经常会发生激烈的冲突，孩子也容易说出伤人的话或提出不合理的要求，有时还会贬低父母的想法和喜欢的东西，甚至会把所有问题怪罪在父母头上，接受这一切并不容易，父母会难过，甚至觉得自己是受害者，这并不奇怪。问题的关键是，当孩子迅速恢复过来，想要和父母交谈的时候，父母也要迅速恢复。青少年可能这一分钟心情很差，但是下一分钟可能开心，想要和父母交流，这时候父母要练习迅速恢复，转为愉快的聊天模式。将孩子心情变好的时刻作为生活中的小确幸来看待。

帮助孩子走出网络成瘾

国家卫健委在2018年发布的《中国青少年健康教育核心信息及释义(2018版)》对青少年网络成瘾给出了较为明确的诊断标准，指在无成瘾物质作用下对互联网使用冲动的失控行为，表现为过度使用互联网后导致明显的学业、职业和社会功能损伤，一般情况下，相关行为需至少持续12个月才能确诊。专家表示，网络成瘾不应被简单定义为一种疾病，青少年过度使用网络往往伴随着其他问题，涉及家庭、学校和孩子自身，问题的改善和解决需要多方共同努力。

为什么青少年容易沉迷网络游戏

青少年之所以对新奇、刺激的事物更感兴趣，是因为在这些情境中他们会比儿童和成年人释放出更多的多巴胺。在多巴胺的作用下他们更有动力去寻求并参与那些新奇、刺激、情绪激烈、冒险的行为，这些行为可以让他们体会到更多的愉悦感。对于青少年来说，被同龄人认为有魅力是一种奖励，那些在游戏中获得同伴认可的高光时刻能够让青少年更兴奋。

青少年可以像成年人一样，推理并了解他们所从事的行为的风险。然而，大脑的奖励系统先于前额叶皮层(控制系统)成熟，所以青少年认为能够体验更多愉悦感的冒险行为有更高的价值，不像成年人那样能够控制自己的情绪和冲动。青少年对奖励和快乐感觉的需求会凌驾于他们的决策能力和行为抑制之上，即使他们知道这样做是不对的。青少年的大脑对所有奖励都释放更多的多巴胺，再加上前额皮层活动不活跃，使得他们更容易去尝试毒品和酒精。

青少年的决策更偏向于眼前利益而非长远利益。这是因为大脑皮质下的社交情绪奖励中心的活跃度较高，而前额叶皮层的活跃度低的缘故。皮质下区域与即时满足有关，而前额叶皮层更多地与延迟满足有关。当皮质下区域的力量大过皮质区的力量，就会使青少年倾向于根据短期利益作决定。

是不是看到这里，父母就束手无策了呢？不是！

要相信孩子有动力和父母保持良好的关系，他们希望得到父母的正面评价，为了得到正面评价，他们会更有动力地去控制冲动。因此表达对青少年的期望和要求，以及相信他们有能力做到是非常重要的，但不要以贬低或控制的方式来表达。尽可能用简短的语言来告诉他们，然后只需要相信他们已经听进去了，而且会尽最大可能去运用父母的信息。请记住，青少年的大脑还没有完全成熟，尽管他们非常在意父母和父母的期望，但还是会时不时把事情搞砸。比如孩子跟朋友一起参加聚会，父母可以说："我知道我可以相信你，对于不喝酒的问题你有正确的判断。"

怎么帮助孩子避免网络游戏成瘾

父母要增加有效的陪伴时间和合理的监督游戏时间。利用亲子游戏，为孩子提供家庭的心理功能、文娱功能、文化功能和教育功能。根据孩子的实际情况，选择适合孩子发展的游戏，父母以开放的心态与孩子一起玩游戏或创造新的游戏。定期组织家庭聚会，帮助青少年与良好的同伴建立关系，减少不良影响。

后　记

悦悦和父母在训练营经历了共同学习之后，父母从对悦悦过度关注变得适当关注，两个人还放手让悦悦和小伙伴做他们感兴趣的事情，爸爸妈妈们则聚在一起谈论工作、生活。

悦悦很开心，当自己心情不好的时候，能够在自己的空间里待一会儿，放空一下自己，显现出有些"丧"的感觉，而无须担心爸爸妈妈会不停地追问；爸爸妈妈开始携手，共同寻找生活中值得感恩的瞬间，保持良好的状态包容悦悦波澜起伏的情绪，成为孩子更好的"容器"，也成为孩子温暖的港湾。

家庭治疗的重要创始人维吉尼亚·萨提亚说：孩子通过观察周围的成人学会如何做人，成人需要发展出更高水平的自尊，才能实践他们所倡导的内容，并且给孩子作出示范。

与情绪和谐相处

因考试失利而自责的柯柯

考试又没考好！鲜红的分数如晴天霹雳般映入柯柯的眼帘。柯柯从小是个非常要强的孩子，在各方面都希望做到最好，在大家眼里是个省心的孩子。但是随着年级越来越高，高二的柯柯所面临的学习内容也越来越复杂，尤其是数学成为了柯柯最头痛的学科。这次考试是柯柯在高二学习生活中非常重要的一次模拟考。柯柯看着成绩，想起了之前无数个挑灯夜读的日子，也想起了自己背公式背到睡着的夜晚。但是在考场上看到试卷，柯柯的脑子一瞬间全是空白，什么公式、数字全都抛到了九霄云外。更让柯柯崩溃的是，他不知道怎么告诉父母这次成绩，毕竟这成绩连自己平时的水平都没达到，更别提超常发挥了。一时间，柯柯陷入了无限的自责、懊悔、恐惧之中。

就在这时，门开了，是父母下班回来了。“柯柯，这次模拟考试成绩怎么样？”面对这样的询问，柯柯一个哆嗦，试卷从手里滑落。爸爸妈妈看到了柯柯的举动，拿起试卷看了眼成绩。一场狂风暴雨随之而来……

“柯柯，你是怎么回事？为什么只有这么点分数？我们平时是不是对你太放任了。你最近都在想什么，不知道这次考试很重要吗？也不知道好好复习，你这个样子，将来肯定考不上好大学，太让我们失望了！”柯柯试图跟父母辩解，但是爸爸妈妈非常生气，根本不给柯柯任何发言的机会。而柯柯也感觉到自己的胸口仿佛被什么堵住了一般。

于是，柯柯和父母来到了青春期家庭训练营，等待他们的将是一次全新的认识自我和改变自我、学会调控情绪的心灵之旅。

又有游戏了，第 108 页，去认识一下你的情绪。

给柯柯和小伙伴们的攻略

情绪知多少

同学，不知道你是否和柯柯一样，在日常生活中有这样的体验：经常会因为一件看似微不足道的事情而陷入情绪的漩涡，被不愉快的情绪压得喘不过来。或者你曾偷偷许过愿，希望自己没有任何“不好”情绪。

其实情绪是我们主观感受这个世界很重要的一部分，有时候我们会把情绪分为好的或者不好的，但实际上每种情绪都有自己的功能，情绪也在给我们自己或者他人传递信息，同样也会激发我们的行为冲动。所以当我们体验到情绪的时候先认可自己的情绪，接纳自己的情绪，跟自己的情绪待一会，而不是立马推开它。再想想自己的情绪原来是这样产生的，我体验到了这样一种感觉，给自己带来了哪些躯体和心理的感受等。有时候我们观察自己的情绪，就像我们站在海岸边观察海浪一样，如果很抗拒情绪，和情绪作斗争，我们就会被卷进情绪的波涛中；但是如果我们只是站在岸边，静静地观察它，情绪就会像海浪一样来了又走，而我们并没有被海浪带走。下面，我们一起来看看情绪都包含哪些部分。

1. 激发事件：每种情绪都不是无缘无故产生的，往往会有一个事件所引起，即在情绪出现的前一刻所发生的事件。

2. 对激发事件的解释：我们对激发事件的诠释、想法和假设。通常，假设不同，我们的情绪也不同。例如“还有半杯水 vs. 怎么只有半杯水了”。当你解释为还有半杯水的时候，随之而来的是开心的情绪；而后者往往导致悲伤、愤怒的情绪。

3. 生理变化与体验：每种情绪都会产生不同的生理变化与体验、感觉、身体感受，以及行为冲动。有些情绪的生理变化与体验是类似的，其他则非常不同。

4. 表达与行动行为：指常见的面部表情、肢体语言、语言沟通，以及与该情绪有关的行动行为。情绪的一个主要功能是激发行动行为以解决特定问题。

5. 情绪的后续影响：是指在第一个情绪出现之后，身、心、情绪立即产生的变化。

6. 情绪的名称：根据情绪的激发事件、解释、生理变化与体验、表达与行动行为等综合判断，我们就可以获得该情绪的名称。

柯柯因为考试没有考好(激发事件)，因此觉得自己是失败的，什么也做不好(解释)。想到这里，柯柯感觉身体想要颤抖(生理变化与体验)，止不住地哭泣(表达与行动行为)，因此可以初步判断柯柯存在悲伤的情绪。而悲伤的情绪让柯柯不想主动告诉父母成绩，不断地责备自己，后悔为什么没有好好复习(情绪的后续影响)。

小游戏

让我们做个情绪匹配小游戏，来和柯柯一起认识我们的情绪。

请根据不同的情绪表现，填写相应的情绪(愤怒、害怕、嫉妒、厌恶、快乐、爱、悲伤、羞耻、愧疚)：

情绪匹配

情绪	情 绪 表 现
	一些人拥有你非常想要或者需要但是你未能拥有的 认为你比别人在生活中有更多的不如意，对你来说非常不公平 别人失败或者失去所有，你会很开心
	得到令你愉快的惊喜 有明媚，容光焕发的表情 有积极的人生观，能看见好的一面

（续表）

情绪	情绪表现
	你自己的身体或是身体的一部分是丑陋的 想要呕吐，堵住、窒息的感觉 觉得被污染，肮脏，不干净
	无可挽回地失去某人或某物 孤单，感到被隔离，像个外人 认为你的人生和事情没有希望
	做错事情 觉得对不起别人 尝试修复伤害，弥补损害，改变结果
	一个重要的目标无法继续实行 你或你在意的人被他人袭击或威胁了 肌肉紧绷 咬紧牙关 冲撞、扔东西、打坏东西
	被提醒你过去做的错误、不道德的事 认为自己是有缺陷的 想藏起来或遮住自己的脸和身体
	陶醉 感到被某人吸引 想要看到和陪伴某人
	感觉你的生活、健康和幸福遭到威胁 心跳加快，呼吸急促 逃离，跑开

你学会了吗？当我们开始能够了解自己情绪的时候，其实已经迈开了调节情绪至关重要的第一步。

制订计划，提前应对

其实，很多我们不想要的情绪都是可以提前应对、尽量减少的。如果柯柯在考试前做好充分的应对计划，可能会帮助他避免或者减少情绪的强度。觉得自己有能力并充分准备好应对困境，能帮助我们降低情绪受挫的可能性。

提前应对或者提前做计划是指理清楚什么情境可能会给你带来麻烦，然后除了提前计划如何应对预期困境外，还要设身处地地想象该如何有效应对。大量研究表明，通过在头脑里想象，是学习新的行为技能的一个非常有效的手段。因此，在头脑里提前想象应对困难的环境，对我们将来真正面对该情境是非常有帮助的。

提前应对在生活中的运用其实非常广泛。柯柯面对考试失利会有如此强烈的情绪爆发，其实可以在考试来临前或者成绩出来前进行提前应对，来缓解情绪带来的压力。与此类似，我们生活中很多情境都可以用到提前应对，下面是一些可能的例子：

在任何有威胁或你感到害怕的情境中；

在新情境中，你非常不确定，惴惴不安，而这种不安全感可能会引起情绪反应，让你难以有效地管理情绪；

心里出现难以控制的冲动，比如想逃跑；

当你变得太情绪化，或是破坏性的冲动可能变得太强烈。

想要做到提前应对，我们可以根据以下步骤进行尝试。首先描述你担心无法妥善应对的困难情境。下一步，决定你要在情境中使用哪些应对或问题解决的方法。要具体明确，并把细节写下来。你可能需要尽可能详细地列出你可以用于处理困难情境的各种方法。之后，便可以开始尝试想象困难场景。尽可能在头脑里栩栩如生地想象该情境。务必要想象自己就在该情境中，而不是当个旁观者。随后，在头脑里演练有效应对的过程。可以尝试在头脑里事无巨细地演练你将如何有效应对；包括演练你的行动行为、想法、可以说什么以及怎么说。完成想象之后，可以通过三个深深的呼吸把自己拉回到现实生活中。

例如，柯柯的担心是考试没有考好，父母会责怪自己。柯柯能够想到的方法是主动与父母进行沟通，争取父母的理解。于是，柯柯在脑海里面想象和父母沟通成绩的场景：拿着成绩单交给了父母，告诉父母这次成绩并不理想，自己也很伤心，并且尝试总结了这次考试中存在的不足之处，希望下次不在同样的地方犯错。在完成想象后，柯柯选择了一个合适的机会，真正地与父母进行了沟通，并且取得了父母的理解和支持。

小练习

看完柯柯的例子，让我们自己也尝试一下应对困难情景吧。可以使用下面的表格来帮助你制订计划。

1. 描述引发了不想要的情绪的情景：

____

____

2. 我想象的有效处理的方法（描述）：

____

____

3. 在实际情境中使用后的结果：

____

____

树立目标，掌控情绪

在学会应对情绪之后，是时候进行乘胜追击了！尝试使用一些方法来掌控我们的情绪，帮助我们真正成为情绪的主人。我们先一起来看看什么是对于情绪的自我掌控感。自我掌控就是做那些让你感觉有能力、有自信、自己能控制、有办法掌控它的事情。人们生来就有增加自我掌控的倾向，不过如果不经常进行自我掌控的练习，该倾向就会随着时间慢慢消失。那为什么自我掌控的能力在调节情绪的过程中如此重要呢？有研究表明，建立自信和有能力的感觉，能让一个人更有力地对抗抑郁和其他消极情绪。

既然增加掌控感如此重要，那么怎么来建立情绪的掌控感呢？建立自我掌控感通常需要从事至少有点困难或有挑战的活动，目的是带来成就感。经年累月下来，一连串的成就感就能带来更正面的自我概念、更高的自尊，以及整体更高的幸福感。建立掌控感通常分三步走。第一步，需要我们每天至少做一件事来建立成就感。第二步，对选择的这件事情进行评估，通常需要有一点挑战，但是可以完成。例如，打算开始运动，计划每天慢跑半小时是比较合适的，如果计划每天跑半马，则可能是非常难以实现的挑战。第三步，调节掌控感计划。一旦你掌握了第一项任务，接下来每次都尝试加点难度。反之，如果任务一开始就太难，下次就要找容易一点的来做。

例如柯柯在此次考试之后，决定每天按时上床，睡觉前不看手机，尝试看一些数学题目或者文学作品再睡觉。通过这样的方式，增加自己的掌控感，提高对情绪的应对能力。

小练习

我们可以尝试完成以下的表格，跟柯柯一起增加对于情绪的掌控。可以把你打算做的事情尽可能具体地填入表格中，每天尝试去进行。

掌控情绪

日期	掌控感小计划	完成情况（包括计划修改）
例：星期一	晚上十点上床，上床后不玩手机，睡前看半小时书	未完成，晚了十分钟上床，明天记得定闹钟，完成十点上床的计划
星期一		
星期二		
星期三		
星期四		
星期五		
星期六		
星期日		

情绪调节小技巧：运动的妙用

除了针对性地调节自己的情绪以外，我们还可以通过一些小技巧来进行情绪调节。其中，运动是一个非常有效的方式。运动有镇静的作用，而且可以改善情绪，也可以帮助我们增强体魄，培养兴趣爱好，可谓一举多得。

许多研究已经证实了运动的好处，运动在生理上的好处包括：缓解肌肉紧张；增加健康感；增加血液和大脑的含氧量，提高警觉性，使注意力更易集中；消耗体内的应激性化学物质（如肾上腺素和皮质醇）；改善循环，促进消化，调节血糖；降低胆固醇水平及血压。

运动的人也会注意到以下心理方面的好处：释放被压抑的心情；刺激产生内啡肽，增加人的幸福感；减少对酒精和毒品的依赖；减少失眠；改善注意力和记忆力；减轻抑郁症的症状；能更好地控制焦虑情绪；提升自尊。

然而，大多数人在压力状态下很难进行身体锻炼。下面有一些提示可能会帮助到你：使运动成为你日常生活中规律及固定的部分，安排固定的时间进行锻炼；如果情绪低落，尽可能做一些简单的运动；加入一个运动团体，或者和一个朋友一起锻炼；做运动时鼓励或奖励一下自己；如果你错过了一两天的运动，不要难过和责备自己；设置一些短期和长期的锻炼目标。

小练习

让我们和柯柯一起，填写下列“一周运动记录表”，来帮助你记录一周的运动情况以及运动前后的情绪对比。在进行每一天运动的前后记下你的情绪和情绪水平（0～100%），并记录你几天和几周的运动，看看这些值是怎样变化的。

一周运动记录表

日期	运动内容	情绪水平（前%/后%）
例：星期一	去河边慢跑 30 分钟	难过 70/难过 30
星期一		
星期二		
星期三		
星期四		
星期五		
星期六		
星期日		

给柯柯爸爸妈妈的攻略

情绪是每个人都会经历的，虽然它看不见摸不着，但是却无时无刻不在影响着我们。在帮助孩子探索和理解他们的情绪之前，我们先来一起了解我们自己的情绪表达和调节对于亲子关系和家庭关系的重要性吧。

追求满意的家庭互动——情绪表达和调节是法宝

不仅仅是柯柯家，很多的家庭互动往往想要表达爱，但是传递出来的却都是充满着情绪的"硝烟"。其实，每一次的家庭互动都给了我们在家练习情感表达和情绪管理技能的机会。在你与配偶互动的过程中，你还记得你上次体贴配偶是什么时候？在每一次和你的丈夫/妻子吵架的时候，是否会在情绪的驱动下表达一些其实你并不是真正这么想的内容？在你和孩子互动的过程中，你高质量陪伴孩子是在什么时候？在每一次对孩子提出改变和要求的时候，你会先认可他吗？

我们要把每一次互动都看作是对巩固你们关系的潜在投资，你可以"存款"也可以"借记"。每一次"储蓄"（建设性的互动），你都在建立信任和爱的纽带；每次"借记"（破坏性的互动），则可以成为压垮你们信任和爱的纽带上的重负。

每一天，你都和家人有很多互动。更多地意识到情绪是如何影响你和他们的互动，这些互动又是如何影响你的长期关系的，可以帮助在家庭中建立更好的关系，或提高家庭关系的亲密度。

遵循以下基本步骤，这将展示你接纳家庭成员的能力，展示他们对你有多重要，关心他们的幸福，加强把你的家庭联系在一起的纽带：

在与家人的互动中，需要更加留意自己的情绪，对自己的情绪有所觉察

很多时候，我们会很容易被自己的情绪控制。完全压抑情绪或者直接以破坏性的方式发泄都不是应对情绪的好方式。留意一下通常是什么情况会

让你有情绪，有什么样的情绪；什么时候你会有一个好心情，感觉到那些温暖的存在。你可以从上篇的内容找到你自己的答案。你需要先从了解自己在家庭互动下的情绪反应开始，学会觉察它们，并能够适当地管理它们。

管理或控制你对家庭成员的情绪和行为反应

在每一次对你的配偶抱怨，对你的孩子指责、失去耐心的时候，问一问自己，我的情绪和实际的情况匹配吗（我值得生那么大的气吗）？这样的情绪和行为反应可以帮助我更有效地解决问题吗？控制好自己的情绪反应在家里会有很大的回报：你会收获家人的信心、信任和爱。

倾听并认可你的家人

设身处地为别人着想能让你三思而后行。为什么你的孩子在这个时候提出这个要求？是什么让你的配偶在这种情况下唠叨？看到对方的哪一面能让你慢下来，先不对自己的情绪直接进行反应，站在对方的角度尝试去认可，然后作出建设性的回应，降低情绪的激烈程度，让关系从破坏性走向建设性。

学习一些调节情绪的小技巧

在当下的社会，每个人都承受着工作和生活的压力，学习情绪调节的方法是必不可少的技巧，可惜的是很少有人会真正留意到。只有学会一些情绪调节的小技巧，才能更好处理自己的情绪，不会把更多的工作或者其他方面的情绪影响到家庭互动中，真正做情绪的主人。

家长如何调节自己的情绪，应对多方面的压力

当你面对长期的工作、生活、养育孩子的压力，觉得快要被淹没了，或是转移注意力或自我安慰都失效的时候，“改善当下”的技巧特别有用。改善当下是由一系列用比较正向的事件来取代此刻的负向事件的策略组成，包括：

运用想象

运用想象,你可以创造与现实不同的状况,也就是离开当下的压力或者痛苦的情境。当你的压力或现状短时间无法改变,让自己短暂离开并且通过想象到达安全的地方可以帮助你减轻压力,更好地回来应对问题。你可以想象非常放松的场景;想象一个只有你自己的秘密房间,按照你喜欢的方式装饰,将任何可能伤害你的事情都锁在门外;创造一个平静的幻想世界;或者想象一下,像排水管里的水一样,排出对你有伤害的情绪;抑或是记住一段快乐的时光,再想象体验它,在脑海里再次重放。

寻找意义

人们需要发现或创造生命的意义,方可从可怕的苦难中幸存下来。你可以尝试在痛苦的情境中寻找目标或意义,在痛苦的情境中聚焦于任何你能发现的积极方面,在你的脑海里重复这些积极的事以及聆听或阅读有关精神价值的事物。

学会放松

很多时候,外在环境和内在自我要求都在鞭策我们更加努力更加上进,从来没有人告诉我们,学会放松、学会休息也非常重要。就像弹簧一样,如果一直处于紧绷状态,迟早会失去弹性。我们需要在繁忙的工作和家庭事务中抽出时间来彻底地放松自己的身心。你可以尝试洗热水澡或坐在热水浴缸中,喝热牛奶,为脖子和头皮做按摩,练瑜伽或其他拉伸,深呼吸,通过改变身体姿势和面部表情(浅笑,打开双手和双肩等)等来改变内在状态。做这些事情的前提是我们需要有照顾自己的决心。

一个时间做一件事

很多时候我们会发现如果当我们把注意力放在过去的痛苦,会感到悲伤和遗憾;如果我们把注意力放在未来,很容易感到焦虑。只有当我们将全部注意力集中在当下这一刻和正在做的事情上,才是可以掌控的。一段时间做一件事,你可以在此刻做自己,将思绪放在当下,将全部注意力集中在身体上或者听一段与感官复苏有关的录音。

安排假日

很多人会有这样的感受，觉得自己每天都在“三头六臂”地应对生活中层出不穷的事情。的确，我们每个人都在努力把当下的生活过好，承担好各种社会角色，做好妈妈、好丈夫、好同事，好员工……唯独忘了照顾自己。每个人都需要偶尔离开成人世界去度个假。即便你肩负了很多责任，也可以安排好其他人暂时帮你执行，给自己一个短假，告诉自己你需要并且值得好好休息一下。

你可以躺在床上，闷头大睡一觉；去海滩或森林里度过一天；边看杂志边吃巧克力；把手机关一天；在公园里，坐在毯子上享受一下午；一份辛苦工作后，放松呼吸1小时；从职责岗位上离开一会，度个短暂假期，这些都可以帮助你尽快地从繁重的任务中恢复过来，重新投入到新的生活里。

五种感官自我安抚

当我们经历一些压力事件或者创伤，陷入情绪危机而感到极度痛苦的时刻，我们需要做一些自我安抚，用一种安慰、照顾、和平、温和与正念的方式来善待自己。让你的身体不再处于时刻准备遭受压力或备战的应激状态，这时你的大脑更容易想到解决问题的有效方法。自我安抚可以充分应用我们的五种感官，也就是视觉、听觉、嗅觉、味觉和触觉。这些感官可以帮助我们和世界有更多的联结，通过有意唤醒感官，降低负性情绪，让我们更深入地体验自我的内在状态，让我们更加舒服、得到滋养和抚慰。

视觉：你可以在夜间看星星；到公园散步或到风景优美的地方徒步等；

听觉：听舒缓或振奋的音乐；注意大自然的声音（波涛声，鸟鸣声，落雨声，叶子沙沙声）等；

嗅觉：点燃熏香或香薰蜡烛；闻饼干烘焙、烤面包或爆米花的香气等；

味觉：吃自己最喜欢的点心；喝你最喜欢的软饮料，如热巧克力或冰奶茶等；

触觉：抚摸你的宠物狗或猫；泡泡脚，做个按摩等。

认可你自己

我们很容易产生自我怀疑和责备，"是不是我还不够好""还不够努力"？但是越是责备自己，越是容易让我们感受到沮丧和挫败，不想向前。我们需要适时地认可自己，"我已经尽己所能把事情做好"，不断告诉自己"我是可以的""这个可以轻松应对""事情不会一直这样"。

你可以尝试运用上述的任一种或几种方法，并记录下你的体验。

小练习

1. 在什么情境下需要使用改善当下的技巧？

____

____

2. 使用了哪一种技巧？

____

____

3. 对你有帮助吗？

____

____

家长如何去接纳孩子的情绪反应，帮助孩子调整情绪

每个孩子都需要被看见。只有当我们看到了孩子问题行为背后隐藏的情绪并认可的时候才能真正接纳孩子，帮助孩子调整情绪，和孩子一起拥抱改变。

经常会有爸爸妈妈抱怨，"为什么我的孩子跟我不亲近""我都是为他好，为什么他都不领情""孩子一回来就把自己锁在房间里，完全不跟我们说在学校里发生的事情"。很多时候父母很想去真正感受孩子的内心，看见孩子深层的渴望。但是往往看到的是孩子叛逆、攻击等行为问题，并未看到孩子隐

藏的内心的渴望，以致孩子慢慢疏远父母。

接纳与改变

一个人在改变自己之前需要先接纳自己。一个人只有感受到被倾听，才会去倾听别人。设想一下这样的情境，如果某人忽略你的情绪而直接告诉你如何解决问题，你的感受可能是这个人并不理解我或者没有倾听我。没有接受的改变，会让你的倾听以及随后给予建议变得更加困难。

对于你的孩子来说同样是真理，为了让他听到你要说的话，他必须知道你首先在认真地倾听他。为了让他接受你的建议，他必须先觉得自己是可以被接受的，这样他才能改变，而不会觉得自己从一开始就有问题。

学会认可

1. 认可真面目

认可指的是用行动让对方感受到你尝试理解、共情和接收到对方的想法、感受和行为。认可是非常重要的，当你的孩子感到没有被看到或者并被不理解，感受到不被认可，他会因为想要让你理解他试图表达的部分而更加敏感。认可会让孩子感受到你尝试从他们的角度理解他们的态度、想要了解他们内心的感受，为你们良好的互动打下基础。

2. 认可形式多

保持全然的关注：仔细聆听，保持目光的接触，可能是语言或非语言的反应。

准确的反应：尽量不要重复孩子的话，而是重组语言，表示你在倾听，并且倾听到的内容是准确的。我们需要认可合理的部分，如果不合理的话反应的方式可以不一样。

把未语言化的情绪、想法或行为说出来：用问题来试探对孩子的猜测是否正确。例如，“你在谈论到老师没有邀请你参加公开课的录制的时候，我感觉你看上去好像很难过?”这个过程也在理解和帮助你孩子命名他的情绪世界并且帮助他更有效地表达情绪。

基于过去的经历：通过孩子过去的经验来进行反应，这个部分是非常个性化的。例如，孩子之前被狗咬过，会很怕狗。

基于普遍的反应：很多事情的感受是互通的，例如考试前会焦虑紧张，所有的学生在考试前都会很紧张，爸爸妈妈考前会焦虑。

你从孩子那里得到的回应会让你知道你的认可是否有效。他是冷静下来了还是开始分享更多？不要放弃，认可的好处是不可估量的。你的孩子需要时间来学习对你的新行为的新反应。

认可孩子并不是一件很容易的事情，尤其对于父母来说。当孩子的行为看起来很奇怪、失控、危险，甚至针对你时，父母需要知道的是，认可孩子的情绪并不意味着完全赞同他的行为或者情绪，只是意味着你愿意倾听并愿意从他的角度理解他的情绪和行为。就像在沙子里找黄金，找到你可以认可的部分。

3. 认可诚可贵

所有的养育技能中，对父母来说认可是最难的但却是最重要的。认可帮助你降低情绪化的情境，更有效地和你的孩子沟通。在这种倾听方式下，你的孩子会更愿意打开自己，谈论更多分享更多，也更愿意倾听你想说的内容，让沟通更加顺畅。

认可还帮助你在孩子的情绪化面前保持镇定，是出现"鸡飞狗跳"的失控局面的第一道防线。

4. 认可需练习

对于认可来说，实践是至关重要的。记住，在学习所有这些技能时，练习、练习、再练习是必要的。学习任何新事物都需要开放和重复，直到它成为你的第二天性。当你熟练掌握这个技能之后，你可以把认可的技能充分应用在方方面面。

经常认可你自己，会让你自己更有动力往前冲；经常认可你的伴侣，会给你们的婚姻关系增加润滑剂。

最后，让我们看一个例子，思考认可如何改变对孩子的反应，并导致更好的结果。也请你尝试填写自己的认可练习单。

小练习

认可练习单

1. 情境：我的孩子做了什么？（描述和观察情境）

举例：我十七岁的女儿多多昨天竞选班干部失败了，她回来没有按照平时的惯例跟我们打招呼，而是径直走到了房间，并关上了她房间的门。

请写下你的例子：________________________________

2. 对于孩子的做法我的想法和感受。

举例："一次没有竞选上没有什么大不了的，没必要放在心上，这样小题大做。"

备注：如果你把这些感觉告诉她，并说："一次竞选不上没什么大不了，不用这样小题大做。没选上肯定是你自己这次的表现还不够好，下次努力就好了"。你并没有认可她的体验和感受。见下面更加有效的回应方式。

请写下你的例子：________________________________

3. 当我记得孩子在尽他所能的时候，就能认可他。我可以让他知道我在听他说。

举例："我知道你之前为竞选班干部做了很多的准备，所以没有竞选上班长一定很沮丧也很失落，把自己关在房间里想一个人静静。我不知道可以做些什么让你好受一点。如果是我遇见这样的情况，我也会很沮丧。我可能会找一个人倾诉然后哭一场，如果你愿意走出房间，我可以倾听你，然后一起看看是什么原因我们没有被选上。"

请写下你的例子：________________________________

4. 这种情境下的结果(包括你的感受和你孩子的反应)。

举例：当我说完这些，过了一会，她从房间里哭着走了出来并把她今天竞选的过程告诉了我。我感觉我倾听了我的女儿，没有否认和指责她的感受。

请写下你的例子：________________

后　　记

经过几次积极参与训练营项目以及认真完成训练师布置的家庭作业后，柯柯和爸爸妈妈都认识了情绪，并且能使用一些技巧调节自己的情绪，最重要的是学会了认可自己和对方。在情绪调节之后，不仅每个人能更好地面对工作、生活和家庭，亲子关系也有了显著的改善，家庭氛围也变得融洽了许多。爸爸妈妈开始更加关心柯柯情绪，愿意倾听他的想法。神奇的是，当爸爸妈妈更加认可了柯柯之后，柯柯反而更加愿意主动跟他们分享自己的事情了。当爸爸妈妈互相认可之后，夫妻之间的矛盾和冲突也更少了，沟通交流的频次和质量也在提高。看，整个家庭的互动都在良性的循环里……

有时候，情绪用各种各样的语言给我们传递着一些信号。当我们更加了解和认识我们自己的情绪的时候，就可以更好地跟情绪和谐相处。当我们学会了认可孩子、认可伴侣、认可自己的时候，便掌握了家庭良好互动沟通的不二法宝。

生命只有一次

控制不住伤害自己的乐乐

“你这个这孩子，怎么就要伤害自己呢？”妈妈看着乐乐手背上的伤痕，痛心地说道。

乐乐也很茫然：“可是我控制不住啊！”

“每当刀片划过手背，有血珠渗出，我就觉得自己终于得到了释放……”乐乐面无表情地说道。

爸爸坐在沙发上，严肃又心疼，紧紧握拳。沉默了一会儿，对妈妈说道：“一定是因为你照顾孩子太少了！”

妈妈流着眼泪紧紧地抱着乐乐，一遍遍亲吻着女儿的额头，说着对不起。

在听了他们一家人的对话后，青春期家庭训练营的训练师温柔地说：“你们好，在正式进入训练营之前，我需要简单了解一下你们的家庭情况以及大家希望解决的问题，为之后的工作提供足够的背景资料。那我们现在就开始吧。”

乐乐紧闭双唇，冷冷地看着墙角一言不发。

妈妈默默地听着训练师的话，微微抿了一下嘴角。

爸爸热切地看着训练师，似乎有说不完的话要说，连忙点头回应。

在询问了一些基本的家庭信息之后，"好的，请问你们来到这里主要想解决的问题是什么？"训练师问道。

乐乐爸爸立马说道："当然是希望我们家乐乐能够像她的名字一样开开心心，不要伤害自己。就是希望她变得乐观开朗一些，她的人生应该是充满阳光的。"

妈妈补充道："因为她现在这个情况，我和她爸都把工作调整了很多，现在重心全都在家庭了，要是她能懂事一些，明白我们的一片苦心，别伤害自己就好了。"

话还没说完，乐乐双眼噙泪大声反驳："我一直都是想为你们好，想为了你们每天过得阳光灿烂，可是我不知道人生是什么，我活着的意义是什么！只有当我划破自己的手背时，好像才知道自己活得如此真实……"

"你似乎是在替爸爸妈妈活？却没办法为自己而活，即使想为了自己而活，也找不到人生的意义，是这样吗？"训练师问道。

"是的！呜……"乐乐大声地哭了出来，妈妈上前紧拥住女儿，却不知该要说些什么。

爸爸妈妈相顾无言沉默了许久。

训练师出声打破了沉默："看来我们家庭里的确存在着一些需要解决的问题。这也正是你们来到青春期训练营的目的。有问题并不可怕，希望你们能尽力做到一点——坚定同一个目标，那就是帮乐乐找到自己人生的意义，而不是替你们活着，你们同意吗？"

"同意！"爸爸妈妈异口同声地说道。

"那乐乐，你同意吗？"

"同意。"乐乐擦干眼泪回答道。

"既然我们家庭的目标这么一致，你们都愿意为了这个目标而努力，这样的话，我有信心在训练营结束时，我们可以帮助乐乐找到人生的意义，找到为自己活的理由。"

就这样，乐乐一家开始了学习和练习。

给乐乐和小伙伴们的攻略

生命的本质——我们从哪里来

说到生命，世界上人人都有，却不可替代！它无比珍贵，一旦失去就是永远！它虽然是有限的，却有着无限的可能！生命是什么呢？不同的科学家对生命的定义是不同的。

生物科学家是这样看待生命的：生命是生物体所表现出来的繁衍后代、生长发育、新陈代谢、遗传变异以及对刺激产生反应等复合现象。哲学家则认为生命是生物体的组成部分，是生物体生存发展的基础，与生物的生长、繁殖、代谢、进化、运动息息相关，是我们人类通过认识实践活动在生物中发现并凝练出来的既具体又抽象的事物。教育学家们则认为人的生命是自然属性和社会属性的统一体，兼具自然生命、精神生命和社会生命，它在努力维持生存的前提下追求不断超越的人生意义、追求真善美的统一、追求完满的人生。

生命的特征——我们都是独一无二的

有研究者给生命总结了以下一些特征。

有限性和无限性的统一

什么是有限性呢？每一个生命的时间都是有限的，最终都会走向终点，或长或短。每一个生命的能力也是有限的。比如我们跑得没有猎豹快，无法像小鸟一样在天空中翱翔，也没有像狗一样灵敏的嗅觉。我们不像北极熊、企鹅那样只能生活在冰天雪地，也不像鱼儿只能生活在水中自由呼吸。但是，生命又可以让我们创造无限可能。比如我们跑得慢，但是我们发明了汽车；虽然不会飞，但是我们发明了飞机，日行千里。生命极强的适应性和创造性，帮助我们创造更多的可能。

现实性与超越性的统一

生命是现实的，我们必须要借助周围环境的力量才能变得强大。我们离不开自然环境，比如空气、阳光、水源。我们也离不开社会环境，比如小时候的成长需要依靠爸爸妈妈、爷爷奶奶、外公外婆，在学校需要老师和同学等。同时，生命又是一个不断超越现实的过程。例如，为了更好地了解宇宙，我们发明了火箭和宇宙飞船。以前相隔两地的人只能通过书信交流，现在无论是网络、视频还是飞机、火车，都让相隔两地的人有了更多的互通。

独立性与共同性的统一

我们每个人都是一个独立的、具体的，更是独一无二的生命个体，我们的生命只属于自己，我们需要对自己的生命负责。例如，我们对自己的学习、生活、工作都有着自己独立的思考。我们的生命、生活道路只能靠自己去选择、规划和管理。生命的共同性则表现在，一方面，生命所处的环境是我们大家共同拥有的，世界是我的，爸爸妈妈的，小伙伴的，也是其他人的；另一方面，正因为这个世界和环境是大家共同生活的，所以也需要我们更多地与其他生命交流、合作，相互依赖、相互尊重。

正是有了这些特征，才体现出生命的与众不同，体现了生命存在的价值和珍贵。没有任何事物可以取代，更没有任何人可以否定他人的生命。也只有我们存在着，我们才能不断发展、进步和超越，才能独显自己的价值，创造无限的可能，享受成功的喜悦。

生命的价值——世界因我们而美丽

生命的价值主要体现在生命的存在价值和生命品质两个方面。对我们自己而言，生命存在是实现自我的现实基础，只要生命还在延续着，我们就有创造奇迹的可能。生命一旦没有了，一切其他的价值都将无从谈起。对家庭而言，生命的存在，更意味着爱和亲情的延续。对社会而言，每个生命都有着不同的思维、兴趣、爱好、特长，也正是这些不同的特点，让我们走向了不同的方向，比如有人成为运动员，在赛场上叱咤风云；有人成了医生，通过医术救死扶伤；有人成了科学家，通过发明创造推动社会进步。

除了存在，生命的价值还在于生命的品质，包含了我们生命的自我价值和社会价值。生命绝不仅仅满足于生存，而是力图探寻生命的价值和意义。

生命也正是通过不断的发展、超越和升华，为自己、家庭、社会创造更多的物质价值和精神价值。美国著名的心理学家马斯洛从人类动机的角度提出了层次需求理论：生理需求（维持生命存在最基本的要求，也是推动人行动的最强大的动力）、安全需求（对安全、秩序、稳定及免除恐惧、威胁与痛苦的需求）、归属与爱的需求（人要求与他人建立情感联系，以及隶属于某一群体并在群体中享有地位的需要）、尊重的需求（如成功、名声、社会地位和晋升等）以及自我实现等五种需求。这些需求是由低级向高级阶梯式推进的。也就是说，低层次的需求基本得到满足以后，高一级需求就逐步增强，直至占绝对优势，并会继续推动我们不断地去行动，激发我们的动力。例如，对于一个生命而言，首先就是维持生命的存在，然后进一步实现发展、优化和提升自己的各方面素质和水平，不断地完善自己，追求事业、家庭的成功，而随着生活中一个个小目标的实现，我们也会收获喜悦和满足，自我的认同感也会不断增加，也会进一步提升对自我生命的悦纳之情。

总之，人的生命活动也正是不断通过满足自身生存和发展的需要，实现生命的自我价值。

应对危机——我的人生我做主

但是，在我们追求生命的价值的时候也会遇到危机或挑战，比如说学习压力、亲子关系、同学关系、师生关系、不良情绪等。

例如进入中学以后，我们的考试压力、学业压力会愈来愈大，还要参加很多课外兴趣班，于是厌学、焦虑就产生了。或者说，我们已经努力了，但是好像成绩还是不是很理想，这就会导致这样一种心理：我努力了，但是还是没有回报，我好像很差？而且在这种情况下，有没有变得越来越暴躁、焦虑或者是不开心了？亲子关系问题也常常出现。可以回想一下，我们是不是出现了质疑爸爸妈妈的情况，或者变得特别不耐烦，对于他们的“唠叨”越来越不能忍受？出现这些情况也是正常的，说明我们正在长大，有了自己的思维和想法。还有一点，我们是不是有的时候变得特别爱发脾气？甚至一点小事儿都会让我们怒气值暴增？其实呢，这些情况都是十分正常的，每个人在青春期阶段都会或多或少有这样的经历，所以无须紧张。

如果出现了这些情况，不妨试试耐心地与父母或者老师沟通，主动说出自己的看法。只要我们是认真地在倾诉，爸爸妈妈，或者是老师就会更多地理解我们，也会给予我们更多的支持。毕竟他们也是从青少年时期过来的呢，所以不需要担心，尽管放心大胆地讲出来！还可以找学校的心理老师，和他们讲述我们遇到的这些心理上的挑战，让他们从专业的角度，帮助我们化解内心的“小情绪”。或者我们还可以拨打儿童青少年的心理热线，让电话那头的小哥哥、小姐姐们帮助我们“出谋划策”。

总之，我们一定要记住，出现了危机并不可怕，主动去面对它们，做自己的主人！相信危机过后，总会见到美丽的彩虹的，加油！

欣赏生命

生命中的恰恰好

青春期的少男少女们，不知你们在课本上有没有学过这么一首短诗——“我如果爱你，绝不做攀岩的凌霄花，借你的高枝炫耀自己。”有没有学过这么一首古诗——“咬定青山不放松，立根原在破岩中。千磨万击还坚劲，任尔东西南北风。”有没有学过这么一段故事——邱少云同志为了身后的整个潜伏部队不被敌人发现，为了革命的胜利，舍小我，为国家，在火焰中奉献了自己的生命……同样地，作家杏林子也曾讲到“墙角的砖缝中掉进了一粒香瓜子，过了几天，竟然冒出了一截小瓜苗。那小小的种子里，包含着一种多么强的生命力啊！竟使它可以冲破坚硬的外壳，在没有阳光、没有泥土的砖缝中，不屈向上，茁壮生长……”这些优美感人的文字，从不同角度告诉了我们，生命如此多彩，饱含了如此多的意义。

生命中，有能够去爱人的部分，有爱自己的部分，有坚韧的部分，有奉献的部分。当然，生命在心理学中的内涵比生物学意义要丰富得多，人生命的全过程就是由一次次的生命活动所组成。生命的产生是一个极小概率的事件，每个人的生命都是一个奇迹，都是独一无二的花朵。

在数万个爸爸的精子中，恰好是那一个，不早不晚与妈妈的卵子相遇，结合形成了最原始的你。如此奇妙的结合，真是生命的奇迹，而你就是这个奇迹！你3岁时，去了那家幼儿园，结识了那么一群可爱的小朋友，幼儿园中恰好有几个小伙伴一同升入了同一所小学，还一同进入了同一所中学。看似好像这原本就应该这样，但实际上又充满了奇妙的联结。

那让我们来看看，在过去的十几年中，你都经历过哪些奇妙的事。

小练习

生命中的小奇妙

事件(时间)	那个事件后我有什么变化	如果那件事没有发生呢？
例：3岁那年去小太阳幼儿园上学	1. 从此我是学生的身份了 2. 我在幼儿园有了欢欢、思瑞两个好朋友	我会去其他幼儿园读书，不会认识欢欢和思瑞

通过这个练习，是不是突然发现自己身上有那么多的“恰恰好”。同样地，在未来的生活当中，在未来的生命中，会有很多“恰好”的小奇妙发生在你的身上，等待你去开启那一扇门。例如，恰好在学习中发现自己热爱写作，恰好在高考志愿填报时选择了文学专业，恰好在毕业时做了编辑，恰好在一次访谈中，再次遇到了幼时的伙伴思瑞……

生命的奇妙或精彩之处，就是这种恰恰好，哦，刚好是你！

生命中的爱自己

当我们谈论到爱自己，可能很多人会疑惑，是让我变得自私吗？答案是否定的。爱自己不代表要做一个自私的人，而是尊重自我的价值，并肯定自我的价值。就像很多青春期的少男少女们，很多时候你有去思考自己快不快乐的能力，却忽略了我是不是爱自己。

所谓爱自己，要从如何看待自己说起，这里需要提及一个心理学专有名词叫作"自我概念(self-concept)"。所谓自我概念，由反映评价、社会比较和自我感觉三部分构成，主要强调一个人对自身存在的体验。青春期的我们，可能不时会发出灵魂拷问"我是谁""我要做什么"？这刚好与埃里克森的心理社会发展八阶段理论中"自我同一与角色混乱阶段"相对应。此阶段，一方面由于青少年本能冲动的高涨会带来一些令自己困惑的问题；另一方面是因所面临的新的社会要求和冲突而感到困扰和混乱。这个阶段的主要任务是建立一个新的自我和谐的同一感或自己在别人眼中的"好"的形象。此时的你可能会感到迷茫、不知所措，在生活事件和自我认知之中不断地变化与突破。想要处理好这部分的疑惑，不妨尝试进一步了解自己，知道"我是谁"。

小练习

我是谁

<table>
<tr><td colspan="6">我是
________</td></tr>
<tr><td></td><td colspan="3">认识自己</td><td>期待自己</td><td>突破自己</td></tr>
<tr><td></td><td>我眼中的自己（自己填写）</td><td>他人眼中的我（采访他人后填写）</td><td>是这样吗？（综合你认为的自己，和别人眼中的你，对这几点进行评价）</td><td>我期待的自己（基于"认识自己"，你对自己有什么期待）</td><td>如果想成为这样的自己（"期待自己"的部分），我可以做些什么</td></tr>
<tr><td rowspan="3">性格</td><td rowspan="3"></td><td>父母眼中
________</td><td rowspan="3"></td><td rowspan="3"></td><td rowspan="3"></td></tr>
<tr><td>朋友眼中
________</td></tr>
<tr><td>老师眼中
________</td></tr>
</table>

（续表）

	认识自己			期待自己	突破自己
生活中		父母眼中 ________			
		朋友眼中 ________			
		老师眼中 ________			
学习中		父母眼中 ________			
		朋友眼中 ________			
		老师眼中 ________			
其他		父母眼中 ________			
		朋友眼中 ________			
		老师眼中 ________			

不知道做了上面的这个小练习，大家对于自己有没有更了解。我们想告诉自己的是：我们在学会爱自己的过程中，一方面是学会做合理的自我概念的架构，整合自己的期待；另一方面是肯定自我的价值，学会欣赏自我的价值。当你学会欣赏自己、欣赏他人，内心便得到了滋养，也就更能够体验到生命勃发充满活力的愉悦。

小贴士

欣赏生命，除了包含欣赏他人的生命，也包含欣赏自己的生命。我们要发现生命的奇妙，更要在奇妙之处学会爱自己。

生命与世界的链接，敬畏生命

我们常常会讲，人的生命只有一次，我们要珍爱生命、敬畏生命，因为生命若是一个多位数字里最高位上的"1"，其他精神财富和物质财富诸如健康、权力、爱情……就是其他数位上的"0"。你只有拥有生命的这个"1"，其他的"0"才有意义……

我们曾学过夸父不停奔跑逐日，曾学过愚公不畏艰辛移山。从历史的长河中，我们总能寻找到一件件文字痕迹，告诉我们前人是如何去尊重自己和敬畏生命的……

谈到敬畏生命，我们先来谈谈什么是敬畏。何为敬畏？敬畏并非由畏而敬。敬畏是指由敬而生的尊重，不是畏别的，是畏己之冒犯之念也。也就是说，当我们谈到敬畏，所讲的不是恐惧，而是一种态度，同样它也是一种行为准则。这是类似于惊叹和崇敬的情感反应，它可以是精神反应，也可以是对伟大感到喜悦和惊叹。惊叹和敬畏都是能让我们敞开心扉的强烈情感，这一点，身处困惑中的少男少女们是应当去理解的。

敬畏生命即是尊重生命伦理，不论是自己还是他人，不论是动物还是植物。敬畏生命可以让我们了解、保持、促进生命的发展，使生命实现其最高的价值。也只有拥有对于生命的敬畏之心时，世界才会在我们面前呈现出它的无限生机，我们才会时时处处感受到生命的价值与美丽——正在晒太阳的小猫咪、肆意奔跑的小狗、草原上驰骋的马儿、石缝中钻出的小花，等等，无不丰富了生命世界的底蕴。

小练习

谈谈你眼中值得敬畏的生命，或者观察到的值得敬畏的生命的片段。

例：当我在旅游时　看到路边石缝中长出了美丽的小花　感到了生命的坚韧

________　__________________　________

________　__________________　________

________　__________________　________

________　__________________　________

通过练习，你有没有发现生命的可贵之处？也许我们难以言表这是一种怎样的感受，但实实在在地发现了不曾发现的生命的美丽。也似乎更能够告诉自己每个人的生命都具有其独特性和精彩性，我们要在限定的生命中绽放属于自己的光彩。

我的未来有无限可能

前面我们一同探讨了欣赏生命和敬畏生命，从不同角度探讨了生命的价值与意义。相信大家现在已摩拳擦掌、蓄势待发，想要知道我的生命我如何做主，如何发挥生命的无限可能了吧！那么就来看看我们生命中都有哪些可能，我们如何去创造属于自己的无限可能！

小练习

我的优势和未来

我现有的优势	我怎么做可以将这个优势发挥得更好	如果把这个优势发挥下去，我可能获得什么？
例：画漫画	学习在 PAD 上画漫画，学习画插画	大学学习相关专业，做一个漫画家

基于上面的练习，是不是感到自己生活有很多可能性？那么我们再来看看，如果这些并不是我的优势，仅仅是我的热爱，我可以有哪些可能呢？

小练习

我热爱所以我可能

我热爱的领域	我怎么做可以把热爱变成优势	如果把这个优势发挥下去，我可能获得什么
例：画漫画	学习专业的漫画课程，将画漫画变成自己的优势	大学学习相关专业，做一个漫画家

通过上面的练习，你的体会是不是也更加深刻了？我们似乎可以发现，不论是自己原本就有的优势，还是自己的热爱，只要我们希望通过努力去实现，它就会有无限的可能。

给乐乐爸爸妈妈的攻略

“人生最宝贵的是生命，生命对于我们只有一次”。这仅有一次的生命旅途是得过且过，随波逐流；是潇洒自由，随性如斯；是痛苦迷茫，哀叹颓废；还是乐观积极，超越自我？每一种生活方式和态度都彰显着生命的样子。作为父母，该如何帮助青春期的孩子涂抹生命绚烂的颜色？一起来看看吧！

帮助孩子们学会感恩生命

仅凭孩子们自身的努力是不够的，仅凭我们简单的教育也是难以达到目标的。要让孩子们能够理解感恩教育的作用，真正懂得感恩的意义，发自内心地接受感恩，爸爸妈妈的角色和工作也是必不可少的。

平等相待

作为家长，我们意识到青春期的孩子和儿童期的孩子是不一样的，因此首先需要注意不要把孩子当成自己的附属品。特别是当他们步入青春期以后，逐渐有了“自我”意识，开始慢慢展现出与众不同的“个性”，也会时不时质疑甚至是挑战我们的“权威”。此时，通过行为举止，让孩子感受到我们的信任和尊重是尤为重要的。这样，孩子才会发自内心地与我们交流沟通、倾诉心事。其次，在孩子向我们敞开心扉的同时，请耐心倾听，认真感受和接纳孩子的情绪，这样才能更好地理解他们，真正做到同理心，从而帮助他们排忧解难。当然，适当放手也是很有必要的，不妨适当地让孩子经历一些事情，无论是喜悦还是挫折，只要引导得当，都会让他们得到锻炼，理解生命的不易和艰辛，对自我有更好的认知。

以身作则

父母是孩子的第一任老师，是家庭教育最好的实施者，也是孩子最好的榜样。在知书达理的父母教育下长大的孩子，必然是温文尔雅的。父母平时做到一诺千金，孩子长大必然会诚实守信。因此，在日常生活中，我们首先要做好的就是以身作则，用实际行动给孩子们展示榜样的力量。除了做好示范，我们还要尽可能地保持家庭功能，认真履行自己在家庭中的职责。专家认为，家庭是由父母和孩子构建的一个相对完整的闭合单元，在这个单元中，如果三方各司其职，履行好相应权利和义务，包括孩子在内的所有家庭成员都能够获得来自其他成员的关怀，相互之间的情感程度越好，个体生活满意度越高，孩子们更容易产生感恩的倾向和情绪，体验到更多的积极情感，缓解生活中负面情绪带来的消极影响。此外，我们也要注意学习，学习孩子不同生长发育阶段的心理特点，才能及时根据孩子的成长和变化，选择合适的教育方式和相处方式，而不是自始至终采用一成不变的教育方式。

博览群书

知识是人类进步的阶梯，阅读则是了解人生和获取知识的重要手段和最好途径。因此，我们还可以试着和孩子一起阅读，鼓励孩子多多阅读，从书籍中获取更多的知识，帮助孩子们更好地成长。通过引导他们阅读一些有益的课外书籍，帮助他们开阔视野、培养兴趣爱好、养成生活习惯、增长见识，形成良好的品格和健全的人格。

生活实践

在课余时间，不妨多安排一些实践类的活动，鼓励孩子们多走出去，更多地贴近自然，贴近生活。例如，可以在节假日和他们一起游山玩水，感受美丽风景。也可以鼓励他们多参加一些社区或学校组织的志愿活动、社工活动等，在寒暑假开展一些社会调查等。这些活动还可以联系孩子们的同学一起开展。通过身体力行的实践，使孩子们亲身体验生活的不易、助人的快乐和实践的意义。这样不仅可以发现和培养孩子们的兴趣爱好，帮助他们培养克服困难的勇气和毅力，树立团队意识和合作意识，而且对形成正确的人生观和价值观也是很有帮助的。

正视孩子们的心理危机

随着年龄的增长，孩子们不仅会慢慢形成自己的世界观和人生观，身体和心理也会发生明显的变化。这个阶段的孩子心智并未完全成熟，如果让他们独自面对困惑和危险，不能及时地帮助他们识别并排解这些不良情绪的影响，就很容易产生心理危机。在帮助识别和处理可能的心理危机时，我们作为爸爸妈妈的角色是至关重要的，也是不可或缺的。

哪些因素可能会诱发孩子们的心理问题甚至是心理危机

1. 青春期内心的变化：进入青春期后，一方面，随着心智的发展，孩子们慢慢会有了属于自己的情绪和想法，独立意识增强，渴望被理解和尊重，有了自我的观念。有些孩子甚至有了自己的“小秘密”，不愿意和父母毫无保留地倾诉。另一方面，处于青春期的孩子们常常表现出敢于冒险、容易冲动、兴趣广泛的特点。但是由于大脑功能尚未发育完全，又受到年龄、阅历、知识储备等限制，情绪常常会随着学习生活中的事情，在高兴、喜悦、沮丧、愤怒中来回跌宕，思维也容易偏激和片面化。

2. 学业压力的改变：与儿童期相比，青春期的孩子面临的学习压力会进一步增加，这些压力和挑战一旦处理不当，往往会使他们长期处于较高的应激状态，变得易激惹、易冲动，或者是情绪低落，从而更容易产生心理问题或危机。

3. 社会支持的缺失：由于心智发育尚不成熟，青少年的自控能力和自我调节能力都弱于成年人，如果没有有效的社会支持，心理困惑和问题会进一步扩大。例如有些“心大”的家长，常会认为孩子们的这些表现就是在耍“小性子”，或者是觉得自己太忙了，无暇顾及。这些也会加重孩子们的心理负担。

4. 负性生活事件的刺激：青少年心理本身比较脆弱，和家长、小伙伴的冲突，家庭暴力，家庭关系不和谐，学业失败，至亲去世，都可能产生严重精神刺激，一旦处理不当，也很容易诱发心理问题或心理危机。

孩子们心理危机的常见表现有哪些

处于青春期的孩子出现或是可能出现心理危机时，常常有以下这些表现，值得我们注意。

1. 过分痛苦：孩子常常直接表露自己处于痛苦、抑郁状态，自我感觉无望、无助或是觉得自己没有价值。在日记或言行中透露出无望、脱离社会、愤怒、绝望、自杀或者死亡的意向，甚至是出现自伤或自杀行为。

2. 容易激惹：孩子脾气突然变得较差，易激动，无缘无故地生气或与家长、与老师敌对，经常会有悲伤或焦虑的情绪表现。

3. 孤独孤僻：孩子变得沉默寡言，人际交往明显减少。不愿意与家长或者小伙伴们一起交流或者玩耍，变得孤僻，甚至出现厌学、逃学等行为。

4. 生活紊乱：孩子们出现睡眠、饮食问题，体重明显增减，容易疲劳，体质下降。孩子可能会在好奇心，同伴、成年人或者是一些影视作品的诱导下，开始尝试抽烟、喝酒，甚至使用毒品。

我们可以做些什么

用心倾听，确定问题

首先我们需要认真倾听并接纳孩子内心的真实想法，避免过度控制或者是忽视问题。比如，有部分家长会出现诸如“我们这都是为你好”“我们也是这么过来的”“坚持过去就好了”“不要闹情绪了”等想法。

不妨鼓励孩子把内心的真实想法和情感表达出来，通过倾听和耐心的交流，用心去了解孩子真正在“想什么”“讲什么”“要什么”。一定要避免出现主观臆断的做法，例如只关心“我想讲什么”“我的要求是什么”。只有耐心倾听，鼓励表达，让孩子感受到我们在乎他们的想法，会接纳他们的想法，才能更好地帮助孩子敞开心扉，我们也可以更好地发现他们的问题。

接纳支持，就事论事

在整个过程中，我们还要用心去接纳孩子的真实想法，做好对孩子的支持和关心，给孩子以更多的“安全感”。

首先我们不要去质疑孩子的表现，或者是过分批评。诸如“你怎么可以这么差”“你都是装的”“你怎么这么笨”“你怎么这么自私”“你对得起我吗”“你烦不烦啊”“好了好了，不要再闹情绪了”“你太差劲了”等，类似的说法可是一定要避免的。另外，躯体暴力、冷暴力等惩罚也是要避免的。

其次，我们要做好对孩子的情感支持。要知道，足够的陪伴和支持，是孩子面对敞开心扉，面对问题的“催化剂”。

还有就是我们一定要接纳和正视这些问题，避免忽视和轻视的行为表现。例如有些家长可能会以工作忙忽视孩子的问题，有些可能会认为这些只是孩子的“小情绪”，这些在孩子的心理危机干预过程中都是要避免的。

用心观察，积极求助

作为父母，我们对于孩子们可能出现的心理危机要保持良好的专注度和敏感度。在出现心理问题或者心理危机的前后，孩子们或多或少会出现诸如情绪、行为、身体、思维方面的问题。例如孩子会变得焦虑不安，或者恐惧。也有可能注意力明显下降，易激惹或者攻击他人、食欲不振、失眠、经常做噩梦等表现。

一旦发现孩子有任何的异常，自己又觉得处理不了的时候，应及时向学校或者精神心理专业人员寻求帮助。有些家长不愿意接受孩子“生病”的现实，或者觉得去治疗心理问题有损面子，而选择逃避或者掩盖的态度。这其实会延误最佳干预时机，甚至加剧心理问题对孩子的伤害。

怎么做才是欣赏生命

其实对于很多成年人，尤其是处于抑郁状态下的人来说，这个问题同样难以回答。许多成年人其实也不知自己生命的意义是什么，甚至不清楚自己是为了什么而活。为了爱人？为了孩子？还是为了父母？因此，当这样的困惑是由孩子发出的时候，作为父母首先要了解的是：我的孩子不是一个怪异的孩子，他只是想要了解生命是什么。让我们携手孩子一起通过心理学的角度一同探寻生命是什么，学会如何欣赏生命。

心理学家弗兰克尔曾提出将生命的意义疗法比作沙漏的观点。他提到：“沙漏”的上半部分代表“未来”，这是即将到来的部分，而上半部分的沙子将穿过代表“现在”的狭窄通道；沙漏的下半部分代表着“过去”，这是已经通过狭窄通道的沙子。过去是无法改变的，未来是无法预测的。我们能决定的是在沙漏中间的那个狭窄的通道里，沙子流动的速度，这个速度给我们带来的感受体验是幸福的还是不幸的，并在这感受体验里寻找生命的意义。

在这里，作为家长的我们不妨从以下几方面进行尝试。

欣赏作为家长的价值

作为家长，很多人会无意识地承担绝大部分的家庭责任，却没有去关注到自我在家庭当中的价值。然而对于自我价值的肯定，不单单是对于个人的自我照顾，同样也是在为孩子作示范，帮助他们学习如何欣赏自我的价值。

这里要强调的一点，肯定自我价值不是吐苦水，不是强调自己的不容易与辛苦。我们在这里强调的价值更多的是我们内在对自己的肯定，例如肯定自己对于家庭的意义是什么——如对于孩子来说，我可以让他不用担心家庭的经济或其他压力，安心地去读书；对于妻子，丈夫可以让她在感到无助的时候做最有力的臂膀。可以说，这是一种“积极心理学”。

这里我们谈到的一个心理学的词语叫作“归因”。归因是指人们对他人或自己行为原因的推论过程。具体地说，就是观察者对他人的行为过程或自己的行为过程所进行的因果解释和推论。

美国心理学家维纳对行为结果的归因进行了系统探讨，认为非常重要的归因维度之一，就是内部归因和外部归因。例如，当作为父母的我们在生活或者工作中可能会遇到挫折或喜悦，如何去看待挫折或喜悦，会涉及我们采用的归因方式是内部归因还是外部归因。如果是内部归因，我们会将事情做得很好归因为“这是由于我具备这方面的能力”；如果是外部归因，则更多会讲“是运气好”或者“多亏别人帮助了我”。如果将事情做得比较糟糕做一个归因，内部归因可能会讲“我这个人太笨了，什么都做不好”，外部归因可能会讲“是那个人的影响”“今天的场合不适合”等。

其实，不论是内部归因，还是外部归因，都是存在于我们生活的方方面面的。对于家长来说，我们需要知道的是，在我们的探索中，一方面能够肯定自己的价值，另外一方面做合理的归因，尤其是遇到一些挫折的时候，我们如何去看待，怎么去处理。通过心理学的知识让自己避免将不必要的负面情绪附加给孩子或者其他家庭成员。

欣赏孩子的价值

对于正处于成长阶段的家庭，父母可能正经历着责任承担最关键的一个阶段。在家庭中，需要照顾老人、教育孩子；在工作环境中，也是中坚力量，需要做许多执行和决策的行为。因此，在孩子成长期，很多父母由于精力有限，会更多地关注孩子发育顺不顺利、成绩是否合格，甚至有无上课外补习等，相对来说对于孩子价值的关注可能较少。很少想，孩子在我的家庭当中承担了一个什么样的角色，孩子对我以及我们家庭贡献了什么价值。

也许当我们经历上一个部分学习并学会如何欣赏自我价值后，才能更加好地帮助我们感知孩子的价值。也只有当我们发自内心地肯定了孩子的价值，孩子才能够更加了解他除了作为家庭成员，同样是有自己存在的意义以及价值的。当孩子能够领会到这一部分的时候，他就会进一步感知到自我生命的意义，至少是在家庭中有意义的那部分。

学会感恩，感恩生命、感恩付出

学会感恩

当我们学会肯定自我价值和其他家庭成员的价值时，单单这方面就会将家庭氛围向更温暖的方向推动。接下来，我们也可以尝试做进一步的推动，那便是感恩。自古以来，我们传承下来的礼仪之道是“滴水之恩当涌泉相报”，同时也会达成“大恩不言谢”，要通过行动来表示的共识。

“感恩”这个词，可能许多中国式家庭是需要练习的，尝试克服难为情、羞于表达的固有模式。当我们相互肯定了彼此的价值，同时也感谢了对方的付出，那家庭互动是能够被积极促进的。这一点与系统式家庭治疗的理论是一致的，即家庭并非由个体简单叠加而成，个体间及个体与环境间通过基本的信息反馈机制相联结。

保持真诚

当我们尝试去感恩，并作出行动时，可能会面临一个问题，那就是——是否忠诚。这里的忠诚是指你是否忠于自己内心的真实感受。频繁赞扬或感恩，可能本身也会失去价值。例如，当一个丈夫 500 次说“老婆你看起来真美”，对于妻子的触动远远不如当她听到“亲爱的，你的那件衣服不是很好看，穿这件会更漂亮"。这里涉及的也是心理学的一个理论，是指过度赞扬会影响保持坦率而真诚的关系，互相尊重，彼此接纳，保持忠诚，才可以持续地让对方感到满意。

需要与归属

人确实是社会性动物，当我们有所归属时，即当我们感到一种亲密的关系支持时，我们更加健康和快乐。前面，我们已经提到了著名心理学家马斯洛提出的需要层次理论。在需要层次理论中，对于家庭来说很重要的一层需要就是"归属与爱"的需要。相对而言，也是人类较高层次的一种需求。当归属与爱的需要被满足时，通常会带来深深的幸福感。而这种需要无法被满足时，人通常的反应是抑郁、焦虑或感到受挫。

因此，不论是对于孩子还是其他家庭成员，我们在欣赏价值、学会感恩的同时，向其他家庭成员释放出"我是需要你的"这一信号，让对方感受到自己是被尊重与爱的，对于家庭幸福的氛围有着推动作用。

朝向幸福努力，成全生命

好，前面学习到了许多心理学相关的知识，相信现在的爸爸妈妈已经蓄势待发，想要与全家人一起携手，奔向幸福。那么我们一起去看看幸福是什么，如何获得幸福。

幸福的特点

幸福的两个主要特点：一是体验即时快乐，无论现在参加什么活动都能体验到其中的乐趣；二是知足，这种幸福感更持久，更令人满意。在感受幸福、保持幸福中一个很重要的议题就是——自我接纳。

要知道没有人是完美的。我们一直在试图接纳家人身上的错误和弱点，就像爱他们的优点那样；同时也十分期待家人能够真正毫无保留地接受自己。真正的自我接纳，是了解你是谁，珍惜你所拥有的，承认并爱上你独特的天赋，甚至还有不足与失败的部分。自我接纳要求你积极地看待自己，当你想从别人那里获得肯定和接纳时，你很容易误会别人的反应。对方轻微的怠慢或误解，在你看来都将是排斥或反应过激。能接受自己是指明白真实的自己是怎样的，包括好的和坏的方面。

研究发现，那些感觉自己最幸福的人往往具有以下共同点：

拥有丰富积极的社会生活，有时间陪朋友和家人与他们一同努力；

对生活所赠表示感恩；

慷慨助人，拥有积极的人生观；

享受当下，品味生活的乐趣；

每周至少运动一次，甚至每天健身；

努力朝目标奋进；

在面对困难、灾难和逆境时能发挥优势积极应对。

感受幸福

下面我们来尝试做一些练习，去感受幸福。

1. 将你从 10 岁起，每年的收获列举出来(试着回想你每年面对和克服的至少一个挑战或曾经做过的积极的事，试着回忆那些你在当时感到不满的事，同时列出你的收获，试着找出你能发挥创造力和擅长的事情，如果觉得有困难，不妨让其他人帮你一起回忆)。在回忆的过程中，去体验自己的感受吧！

回忆幸福

年龄	面对和克服挑战或 曾经做过的积极的事	那些你在当时 感到不满的事	你的收获

2. 用纸、笔记下那些与心情相关的事件与体验，其中可能包含以下内容：

(1) 一天中你在何处体验到了更积极的情感；

(2) 尝试评价你的善行；

(3) 留意值得你感谢的事；

(4) 如何才能让自己放宽心，有好奇心；

(5) 如何更深入地品味生活；

(6) 留时间陪伴朋友与家人；

(7) 列举一些让你感觉良好的事。

在记录和描述时，大家能体会到值得留恋、感恩的人、事、物其实一直都在我们身边。

后　记

在训练营的帮助和引导下，乐乐和父母共同制订了一系列的"体验"计划，策划了一次全家旅行，一起整理了家庭相册，参加了各种兴趣活动和公益活动，还一起养了几只小鸡。

与以往不同的是，乐乐在这一系列活动中努力尝试主导和作决策，学习体验和尊重生命，练习观察和了解自己，探索自己的兴趣和优势。父母则慢慢学习如何放手和接纳，在乐乐遇到困难的时候，给予支持和建议，而非越俎代庖。

经过一段时间的共同努力，乐乐的情绪状态发生了明显的改变，没有再发生伤害自己的行为。虽然还不能说已经找到了生命的意义，有时仍会迷茫，但这显然不是一蹴而就的事情。改变已经开始，乐乐和父母正朝着一致的目标前进，相信乐乐会活出独一无二的自己。

“心灵怪兽”离我们并不远

多动、反复查错的小俊

开学进入初三的小俊总是有些闷闷不乐。妈妈望着比自己还高出一个头的儿子，欲言又止。她能大概猜到小俊的困扰——除了学习，还能有什么？妈妈想回头去找爸爸聊聊，可是爸爸抱着家里的宠物狗豆豆在玩耍，仿佛没有看到妻子眼里的忧愁。

这天妈妈为全家预约了去青春期家庭训练营。进入基地，前面已经有好几个孩子到达了。小俊的社交能力一直很棒，等候的间隙，他已经和几个同龄人熟络了起来。一进入接待室，小俊就窝在了沙发里，一会儿又站起来，好奇地打量着屋内的陈设。博古架上的花瓶，书橱里的读物，椅子上的靠枕，小俊这个摸摸，那个捏捏，完全没有不自在。直到爸爸开始清嗓子，他才意识到，再这样做可能爸爸要生气了，于是又在沙发里坐下，用脚踢着茶几，仿佛要试探这桌腿是不是牢固，又像是在演奏着心里的一首独白曲。

训练师开口了：“在正式进入训练营之前，我需要简单了解一下你们的家庭情况以及大家希望解决的问题，为之后的工作提供足够的背景资料。那我们现在就开始吧。”

妈妈看了一眼转向窗外的爸爸，撸了撸头发，开始陈述。小俊妈妈自己是数学老师，可是一提到小俊的数学就很头疼。从四年级开始,妈妈就发现原来能基本做对数学题的小俊,突然就无法很好完成学校作业了,漏题、抄写错误,愈演愈烈;有时稍微复杂一些的语句,小俊就因为理解不了题意,而被扣分扣得"落花流水"。爸爸揍过小俊,甜言蜜语、物质奖励也给了不少,效果微乎其微。妈妈拿出了专业教娃的经验,可是屡战屡败。妈妈自己也不理解,用在别人家娃身上百试不爽的办法,怎么到了自己儿子这里就毫无反应了呢?五年级以后,妈妈为了避免亲子矛盾,不再对小俊的数学予以关注;也罢也罢,让老师搞定吧。

爸爸也开始天天和"二宝"宠物狗豆豆互动,对于儿子,就做个专职司机,按时接送。虽说儿孙自有儿孙福,"静待花开",可自己家的儿子这样,爸爸只能心里憋屈着,脸上的表情越来越少。爸爸常会和妈妈抱怨:"我怎么连生气的权力都没有了?"父子俩后来有过一次很激烈的冲突,是因为进入初中后,小俊的数学成绩开了红灯。他想到爸爸冷漠的脸,心里很难过,也很自责,怪自己没用,有时还会反复检查,生怕自己又犯错,讲话也结结巴巴。到了考试前,这种心慌、胸闷的感受就愈加强烈,有时甚至喘不上气,吃不下饭,睡不着觉;考试时,一遍遍核对检查,导致经常把对的改错、来不及完成试卷。半年后,爸爸在小俊的手腕上发现了美工刀留下的划痕!爸爸再也忍不住,大声呵斥起小俊来:"你怎么这么不懂事?为什么要作践自己?"看到爸爸的愤怒,小俊止不住地哭起来,连着几天都没有去上学。"我学不好,我没有用,我不要去学校!呜呜呜……"

妈妈尝试和孩子沟通过,小俊表达了要去看医生的愿望。爸爸心里不能接受,但是还是开着车,载着妻儿去了市中心的一家大医院。通过检测、面谈,医生给出了"抑郁症"的诊断。经过一番思想斗争,妈妈终于同意给小俊吃药。说来也奇怪,这孩子服药后真的不再提不上学的事,每天乐呵呵去学校了。1个月后,小俊因为一次忘记服药后也没觉得自己有不适,便不再服药,父母也就当什么也没发生过。一切又回到了原来的状态——小俊高挂的数学红灯,爸爸冷漠压抑的表情,妈妈一如既往的鸵鸟对策。可是事实上,谁也没有真正地开心过。

训练师在记录纸上写着,待妈妈讲完,抬起头来看向小俊。那个帅气的大男孩,此刻低着头,眼睛里的泪水开始打转了。

“你愿意说说你的感受吗?”

“我不知道接下来的路要怎么走……”

“你对吃药的事怎么看?”

“嗯,那个药好神奇,吃了人就开心了,很放松。可是……”

“很担心?”

“对!很担心因为别人知道我吃药了就说我有病。我没病,我不是病人。呜呜呜……”

训练师给小俊递上了一张纸巾,说:“有问题并不可怕,希望你们能尽力做到一点,那就是要保持一个开放的心态,接受一些不同的观念和做法,并在我们训练师的指导下作出相应的改变。这样的话,我有信心在训练营结束时,我们可以看到小俊的变化,看到爸爸妈妈都能真正开心起来。”就这样,小俊一家开始了学习和练习。

第149～151页有自我识别抑郁症的量表,要不要先做一下?

给小俊和小伙伴们的攻略

看了小俊的故事,你会想到自己吗?可能在某些时候你也会像小俊一样觉得自己一无是处,莫名地自责;有时会突然心慌胸闷,坐立不安;有时会反复检查作业或门锁,不这样做心里很难受;也许你还有一些和小俊不一样的感受,比如你可能会过度控制体重、害怕发胖;你可能见过“抑郁症”“焦虑症”“强迫症”“进食障碍”这样的专业名词,却不知道这些疾病到底有哪些表现,不知道如何识别它们。那么,现在就让我们一起来认识这些潜伏在你身边的“心灵怪兽”,并想办法打败它吧!

“EMO”了,会是抑郁症吗

小俊在遇到学习压力和感受到家人的失望情绪后,非常难过和自责,很多负面情绪无法消解,于是他用刀划手腕,身体的疼痛似乎比心理的痛苦更能忍受，小俊从此用这种伤害自己的方式来缓解内心的煎熬。小俊不知道的是，抑郁症这条“黑狗”正在一点点啃噬着他……

在青少年群体中会使用“EMO”这个网络流行语形容压抑、不开心的情绪，但是只要有不开心或抑郁的情绪就一定是“抑郁症”吗？答案一定是“不”。每个人都会有情绪不佳的时候，尤其是青少年正处于情感十分丰富的阶段，情绪比较容易波动，在遇到挫折和压力时出现抑郁情绪十分正常。但是如果情绪低落持续时间过久，伴随着不想做事、自我评价低，甚至想要结束生命，那就要警惕是否患上了抑郁症。

抑郁症的早期表现和核心症状

有研究表明，青少年患抑郁症的风险比成年人高 2～4 倍，但是青少年抑郁的发生通常是一个长期的过程，而且症状更加隐匿。你可能会莫名地烦躁不安、容易发脾气、对小事过度敏感、学习成绩突然下降、对兴趣爱好的热情减退、饮食习惯改变（食欲不振或食欲增强）、睡眠障碍（入睡困难、早醒、眠浅）、容易疲劳等，这些都是抑郁症的早期重要表现。再继续发展下去，就有可能达到医学意义上的抑郁症诊断标准。

抑郁症的核心症状是持续 2 周以上的显著的情绪低落、兴趣下降和快感缺失。具体表现就是闷闷不乐，完全开心不起来，整日忧心忡忡，愁眉苦脸，度日如年；没有愉快感，做事没有兴趣，悲观绝望，感觉未来毫无希望；强烈的自卑感，认为自己毫无价值，将所有过错归咎于自己；反应迟钝，言语减少，语速减慢，记忆力下降，注意力集中困难；不想与人交往，不爱外出，不想上学；严重情况下会出现消极观念和行为。

也有相当一部分的青少年会通过反复自伤的方式来达到缓解情绪痛苦的目的，我们称之为“非自杀性自伤”，小俊就是用美工刀反复划伤手腕来缓解自己的糟糕情绪。躯体症状也是青少年抑郁的常见表现，如头痛、胸痛、胃部不适、食欲减退等。与成人相比，青少年抑郁也更容易出现明显的攻击、破坏甚至暴力行为，具体表现为不遵守纪律、冲动、打架、逃学等。这样的抑郁症状往往会被父母和老师所忽视，会被认为是青春期情绪不稳定、不懂事、叛逆的表现。

小贴士

非自杀性自伤是指自己的行为引起疼痛或浅表损伤，但并不打算造成死亡。自我伤害以从负性的感觉或认知状态中获得缓解、解决人际困难、诱发正性状态为动机，行为具有一定的重复性与依赖性。

非自杀性自伤的动机尚不清楚，但自伤可能是：一种减少紧张或消极情绪的方法，一种解决人际关系困难的方法，对察觉到的错误的自我惩罚，恳求帮助。

有些患者将自伤看成是积极性的行为，因而往往不会寻求或接受咨询。非自杀性自伤常伴有其他疾病，特别是边缘型人格障碍、反社会人格障碍、进食障碍、酒精及药物滥用和孤独症。

抑郁症的自我诊断

如果你想了解自己目前的抑郁情绪达到了什么程度，可以根据量表进行自查。

伯恩斯抑郁症清单（BDC）

这个自我诊断表由美国宾夕法尼亚大学的心理治疗专家伯恩斯设计，可帮助你快速识别出是否存在抑郁症。量表详情如下：

请在符合你情绪的项上打分：没有 0，轻度 1，中度 2，严重 3。

伯恩斯抑郁症清单

序号	情绪	表　现	分值
1	悲伤	你是否一直感到伤心或悲哀	
2	泄气	你是否感到前景渺茫	
3	缺乏自尊	你是否觉得自己没有价值或自以为是一个失败者	
4	自卑	你是否觉得力不从心或自叹比不上别人	
5	内疚	你是否对任何事都自责	
6	犹豫	你是否在做决定时犹豫不决	

（续表）

序号	情绪	表　　现	分值
7	焦躁不安	这段时间你是否一直处于愤怒和不满状态	
8	对生活丧失兴趣	你对事业、家庭、爱好或朋友是否丧失了兴趣	
9	丧失动机	你是否感到一蹶不振，做事情毫无动力	
10	自我印象可怜	你是否以为自己已衰老或失去魅力	
11	食欲变化	你是否感到食欲不振或情不自禁地暴饮暴食	
12	睡眠变化	你是否患有失眠症或整天感到体力不支、昏昏欲睡	
13	丧失性欲	你是否丧失了对性的兴趣	
14	臆想症	你是否经常担心自己的健康	
15	自杀冲动	你是否认为生存没有价值，或生不如死	

结果解读

测试后，请算出你的总分并换算测评分 Y，Y＝已获总分÷45×100（取整数）。53～62 分为轻度抑郁；63～72 分为中度抑郁；73 分以上为重度抑郁。

Zung 抑郁自我评定量表（SDS）

此量表于 1965 年由 Zung 编制，为自评量表，主要根据你过去一周内的感觉来评定。

ZUNG 抑郁自我评定量表

序号	问题	偶尔	有时	大多数	几乎全部
1	我感到情绪沮丧，郁闷	1	2	3	4
2	我感觉早晨心情最好	4	3	2	1
3	我要哭或想哭	1	2	3	4
4	我夜间睡眠不好	1	2	3	4
5	我像往常吃的一样多	4	3	2	1

（续表）

序号	问题	偶尔	有时	大多数	几乎全部
6	我的性生活正常	4	3	2	1
7	我感到体重减轻	1	2	3	4
8	我为便秘苦恼	1	2	3	4
9	我心跳比平常快	1	2	3	4
10	我无故感到疲劳	1	2	3	4
11	我的头脑像往常一样清醒	4	3	2	1
12	我做事情像平常一样感到不困难	4	3	2	1
13	我坐卧不安，难以保持平静	1	2	3	4
14	我对未来充满希望	4	3	2	1
15	我比平常更易激怒	1	2	3	4
16	我觉得决定做什么事很容易	4	3	2	1
17	我觉得自己是有用和不可缺少的人	4	3	2	1
18	我的生活很有意义	4	3	2	1
19	假如我死了别人会更好	1	2	3	4
20	我仍然喜欢自己平时喜欢的东西	4	3	2	1

结果解读

待评定结束后，把20个项目中的各项分数相加，即得总粗分(X)，然后将粗分乘以1.25以后取整数部分，就得标准分(Y)。SDS标准分的分界值为53分，其中53～62分为轻度抑郁，63～72分为中度抑郁，73分以上为重度抑郁。

焦虑≠焦虑症

小俊在考试前出现了心慌、胸闷、食欲下降和睡眠问题，相信他在考试前或者参加重大比赛前也会感到紧张、担心，心跳加速、手心冒汗，但是这种情况会随着考试或者比赛的进行逐渐缓解，不会一直持续存在，这就是正常的"焦虑情绪"。

有人将焦虑情绪称为"压力延伸物和危机意识的体现"，它促使我们具有紧迫感、保持警惕，阻止我们去做危险的事情，又会督促我们不断进步。但是，如果焦虑情绪持续存在，甚至严重影响了学习和生活，就需要警惕焦虑症的可能了。

青少年的焦虑体验通常表现为过分地、广泛地担心自己的社交和学业，几乎每天都会对很多事件和活动产生过度的、不可控制的焦虑。不仅会担心可怕的事情出现，也会担心一些微乎其微的小事，有时甚至在没有任何诱因下，也会出现毫无指向性的担忧。会出现明显的烦躁不安，情绪暴躁，没办法集中注意力学习，容易与老师同学发生冲突；会对人际关系和他人的评价过度敏感，渴望他人的认可和保证；会有明显的生理反应，包括肌肉紧张、食欲下降、胸闷、心悸、呼吸加速、血压升高、多汗、口干、头昏、恶心、腹部不适、四肢发凉、便秘、尿频。最严重的情况下可能会出现濒死感，进而感到恐怖万分，甚至发生昏厥。

可以通过"焦虑症自评量表"来评估自己的焦虑程度，也可以对照上面的描述来观察自己是否存在明显的、超出正常范围的焦虑情绪，如果你的焦虑情绪已经影响了你的学习和生活，那就要引起你和家人的重视，需要到医院进行咨询和治疗了。

延伸阅读

鲇鱼效应

挪威人喜欢吃沙丁鱼，尤其是活鱼。市场上活鱼的价格要比死鱼高许多，所以渔民总是千方百计想办法带活沙丁鱼回港。虽经种种努力，可大部分沙丁鱼还是会在中途窒息而死。后来，有人在装沙丁鱼的鱼槽里放进了一条以鱼为主要食物的鲇鱼。沙丁鱼见了鲇鱼四处躲避，这样一来缺氧的问题得到解决，大多数活蹦乱跳地回到了渔港。这就是著名的"鲇鱼效应"，专家认为适当的压力和危机感能够帮助人们保持激情和战斗力。

Zung 焦虑自我评定量表(SAS)于 1965 年由 Zung 编制，为自评量表，主要根据过去一周内的感觉来评定。

ZUNG 焦虑自我评定量表

序号	问题	没有或很少时间	小部分时间	大多数时间	几乎全部时间
1	我觉得比平常容易紧张和着急	1	2	3	4
2	我无缘无故地感到害怕	1	2	3	4
3	我容易心里烦乱或觉得惊恐	1	2	3	4
4	我觉得我可能要发疯	1	2	3	4
5	我觉得一切都好，也不会发生不幸	4	3	2	1
6	我手脚发抖打颤	1	2	3	4
7	我因为头痛和背痛而苦恼	1	2	3	4
8	我感觉容易衰弱和疲乏	1	2	3	4
9	我觉得心平气和，容易安静坐着	4	3	2	1
10	我觉得心跳得很快	1	2	3	4
11	我因为一阵阵头晕而苦恼	1	2	3	4
12	我有晕倒发作，或觉得要晕倒	1	2	3	4
13	我吸气、呼气都感到很容易	4	3	2	1
14	我的手脚感到麻木和刺痛	1	2	3	4
15	我因为胃痛和消化不良而苦恼	1	2	3	4
16	我常常要小便	1	2	3	4
17	我的手常常是干燥、温暖的	4	3	2	1
18	我脸红发热	1	2	3	4
19	我容易入睡并且一夜睡得很好	4	3	2	1
20	我做噩梦	1	2	3	4

结果解读

待评定结束后，把 20 个项目中的各项分数相加，即得总粗分(X)，然后将粗分乘以 1.25 以后取整数部分，就得标准分(Y)。划界分为 50 分。50～59 分：轻度焦虑；60～69 分：中度焦虑；69 分以上：重度焦虑。

好习惯 or 强迫症

在生活中，很多人都会有一些特定的习惯或动作，比如物品一定要按照一定顺序摆放，走路一定要沿着路面的格纹，摸过东西之后一定要洗手等。这些行为习惯人们一般不会过于在意，也不会对正常生活造成困扰，更不会让人感觉痛苦。

小俊在考试和写作业时也会反复检查、担心出错，按理说是仔细认真的好习惯，为什么他的学习成绩却越来越差呢？那就需要我们来了解一下强迫性障碍（OCD）即强迫症了。

强迫症的主要表现有两种：强迫思维和强迫行为。以下我们将分别对这两种常见的临床症状进行详细解读。

强迫思维

强迫思维是反复出现一些持续性的、侵入性的、不必要的观念、想象或冲动意向，人们会试图忽略或压抑此类想法、冲动或意向，或用其他些想法或行为来中和它们（例如，通过某种强迫行为）。具体表现形式有：

1. 强迫怀疑或担心。比如反复怀疑门窗是否关好，铅笔是否放到文具盒中。儿童青少年最常见的是担心被细菌或肮脏物污染，因此他们会强迫性洗涤或回避到公共场所。

2. 强迫性穷思竭虑。反复思考一些缺乏实际意义的问题，如"人为什么长两只眼睛、一张嘴""猫为什么是猫，而不是狗"。

3. 强迫回忆。反复回忆过去发生的事情，明知这些事情不值得去想，又非要去想；强迫想象：反复想象会发生某些事情，但是实际从未发生过。

4. 强迫意向。反复体验到想要采取某种违背自己意愿的动作，但实际决不会去采取行动，如站在窗口就出现自己要从窗户跳下去的冲动，由于担心自己真的会这样做，而不敢靠近窗口。

5. 强迫性对立思维。一旦想到一个词语或概念，就自动想到与之相反的内容，比如"好"与"坏"，"美"与"丑"。

强迫行为

强迫行为是反复出现的一些动作、行为以及精神活动，人们会对此努力对抗，企图减少这些现象出现的频次和强度，但却不能实现，为此人们会感到非常焦虑和痛苦。主要表现有：

1. 强迫计数。对某一类物品反复计数，如走路反复数路上地砖的数目。

2. 强迫检查或核对。反复核实检查是否做好了某件事，如反复检查煤气、门窗，反复检查作业等；强迫性洗涤，反复多次洗手、洗澡、洗衣服，有些人会经常使用各种洗涤剂或香皂，哪怕皮肤出现皮炎、皮疹也在所不惜。

3. 强迫询问。反复向周围人询问同一问题，哪怕对方已经给出回答，仍要反复询问。

4. 强迫性仪式动作。必须按照某一流程或内容都固定的一套动作完成日常动作，如出门必须先前进两步，再后退一步，如此重复多遍再出门。

5. 强迫性缓慢。日常动作十分缓慢，包括穿衣、吃饭、洗漱、写作业等，如刷牙约需要 1 个小时，吃饭也许要 2 个小时，从床边走到房门口可能要半个小时。

对于儿童青少年来说，他们重复某些观念、意向或行为，知道这些想法和行为没有必要、并不合理，自己十分希望能够克服这些想法或阻止这些行为，但实际上却经常做不到，这使得他们感到焦虑和痛苦。为了缓解自己的焦虑情绪，他们只能继续重复这些观念或行为，然而这样只能暂时减轻或缓解焦虑情绪。因此，强迫症患者大部分时间都处于焦虑之中，成为一种"恶性循环"。

重复思维或行为出现的频次或持续时间是判断强迫症状的重要依据，例如每天消耗 1 小时以上；确定强迫症状的另一个重要依据是这些重复思维或行为严重干扰了自己和其他家庭成员的学习和正常生活，导致了明显的痛苦。如果只是短暂性出现的或出现频次不多的重复思维或行为，尚未影响到正常生活或学习，那尚不能确诊为强迫症状或强迫症。

OCD 温度计自测

OCD 温度计就和一个常规的温度计一样，只不过它测的是你的强迫症状让你感觉如何，而不是温度。数字越大表示感觉越糟糕或越焦虑，10 是你曾有过的最差的感觉。而数字越小则表示你感受到的焦虑越少，0 表示完全没有糟糕的感觉。

你可以在下面的表格中列出可能存在的强迫症状，如反复检查作业、反复洗澡等，然后将它们带给你的感受用 OCD 温度计的数字标识出来。

OCD 温度计

强迫症状与等级

项目	OCD 温度等级			
日期	01.01			
症状（示例）				
检查家庭作业，数字对齐	3			

这种“减肥”也是病——进食障碍

“以瘦为美”的年代，大家好像都在减肥，哪怕是正在发育、亟须营养的少男少女们也不能幸免。你曾经有过因为别人一句“你怎么又胖了”而难过很久的情况吗？在同学中间，体重这一话题似乎总是无法避免。但是，如果出现“过度关注体重”或“吃得过多或过少”的情况，那就需要少男少女们提高警惕了，“进食障碍”这一心身疾病在青少年群体中已经十分常见。

进食障碍是指以进食行为异常，对食物、体重、体形过度关注为主要临床特征的一组综合征，主要包括神经性厌食、神经性贪食和暴食障碍。

1. 神经性厌食(AN)：核心表现是对“肥胖”的强烈恐惧和对体形、体重的过度关注，有些人哪怕已经骨瘦如柴仍然认为自己很胖。他们会有意地严格控制进食，导致体重明显下降和低于正常水平，严重时会导致躯体功能受损。

2. 神经性贪食(BN)：反复发作的暴食行为，并存在强烈控制体重的先占观念。人们常采取极端的措施以减少因为食物所导致的“发胖”效应，比如催吐、导泻和过度运动。与神经性厌食患者不同的是，神经性贪食患者的体重通常是正常或轻微超重的。

3. 暴食障碍(BED)：主要表现为反复发作性的暴食行为，这种行为反复出现、不能自控、具有冲动性。这类患者容易出现肥胖。

看到上面的内容，你是不是忍不住会问“难道减肥也是病吗”？减肥当然不是病，适当减肥、健康饮食、维持适当体重是有益于我们健康的事。但是，过度限制饮食导致体重低于正常标准，甚至导致躯体因为营养缺乏而出现各种各样的问题，那就是极端减肥所引起的“恶果”了。而且，过度限制饮食会导致暴食的出现，再出现催吐等清除行为，体重增加之后再重复上述的行为，是“物极必反”的真实反应。最重要的是，进食障碍作为一种心身疾病，其反映出来的可能是青少年背后的情绪问题以及过度完美主义。

因此，少男少女们最需要学会的就是自信、无条件接纳自己以及不因他人的评价而影响自己的情绪和健康。也许你是自我要求很高的孩子，不能忍受自己的任何不完美，但是从没有人说过“瘦才是完美的”，健康才是最宝贵的财富。

延伸阅读

进食障碍可致命

进食障碍是精神科中致死率最高、疾病负担最重的疾病之一，尤其是神经性厌食症。过度限制饮食、催吐、运动过度会导致全身代谢紊乱和内分泌紊乱，如女性出现闭经、男性出现性功能障碍，严重情况下可因极度营养不良而出现恶病质状态、机体衰竭甚至危及生命。神经性厌食死亡率高达 5%～15%，在所有心理障碍中死亡率最高。暴食障碍容易导致肥胖，而肥胖会带来高血压、高胆固醇等问题，也增加患癌症的风险。

战胜"病耻",积极求助

看完上面对抑郁症、焦虑症、强迫症的介绍,相信你已经对这些疾病有了一些了解。那么,此刻在读这本书的你,是否正面临着上述问题的困扰?也许你的状态还未达到疾病的诊断标准,但是依然有很多不能独自解决的情绪问题。也许你现在十分无助,不知道该向谁求助,又怕求助后不能被人理解,甚至被嘲笑。但是,如果你已经读到这里,同时你又独自承受着许多痛苦,那么一定要了解以下求助渠道,并积极使用它。

1. 父母:遇到任何问题都要第一时间向父母求助,明确告诉他们你的现状,要求他们带你到专业的医疗机构就诊。

2. 老师和同学:在学校时,你可以向班主任、任课老师、心理咨询老师求助。关系比较亲密的同学和朋友,也是你可以信任的对象。

3. 心理健康热线:上海市心理热线"962525"会 24 小时为你真情守望,电话的另一头都是专业的心理咨询人员。如果你还不想和父母、老师诉说你的情况,那么这条热线是你值得信赖的朋友。

4. 专业的心理和精神医疗机构:遇到任何心理、情绪问题都不要讳疾忌医,专业的心理和药物治疗手段一定帮助你解决问题。

根据相关研究报道,我国 17 岁以下儿童青少年中,约 3 000 万人受到各种情绪障碍和行为问题困扰。如此庞大的数据从另一个角度说明你并不是一个人在孤军奋战。也许目前社会上仍有一部分人对精神心理问题的认知存在一定偏差,但是让人欣慰的是越来越多的人开始认识到精神心理健康的重要性。媒体、学校、医疗机构都在大力促进青少年的心理健康,致力于去除对相关疾病的"污名化"。因此,希望我们能够正确看待每个人都可能会出现的"心灵感冒",战胜"病耻感",出现问题积极咨询和治疗。新时代的青少年们,定是无所畏惧的!

给小俊爸爸妈妈的攻略

请问,上一篇爸爸妈妈看了吗?如果没看,一定要看,如果已经看了,就让我们继续吧。

那些容易被忽视的"角落"

客观看待孩子,减少"主观滤镜"

俗话说:"瘌痢头儿子自家好。"但是孩子生长发育的过程中,有些常见行为、情绪问题,还是需要客观评价。

比如小俊的妈妈,其实她早在孩子小学低年级的时候就发现了孩子有多动、注意力不集中的表现,特别是数学方面的理解力比较差;到了高年级以后,成绩问题就越发明显。但是小俊妈妈先入为主地认为,孩子只是太调皮了,男孩子嘛,有这样的表现很正常,长大了就会好的。另一方面,小俊妈妈因为自己数学老师的身份,总是想提前教授一些数学知识、拓展课外知识,没想到孩子不能掌握。这些主观臆断,遮蔽了对孩子真正行为问题的判断。而小俊的爸爸则认为男孩子应该勇敢,应该可以面对很多问题,而忽略了可能孩子是需要帮助的;他不知道孩子选择应对自己情绪问题的策略是有困难的,所以想当然地认为,孩子可能是装的,不是真的不行、不会。

提高关注度,了解相关专业信息,做到心里有底

关于"注意缺陷与多动障碍",很多父母并不了解,其实就是俗称的"多动症"。通常,每个班级里就有1~2个孩子可能存在注意缺陷及多动障碍,是学龄期最常见的行为问题。一般来说,多动症儿童在1~2年级时基本没有学习困难,成绩可以保持在中上水平,甚至名列前茅;3年级以后,成绩逐渐下降。当然,多动症儿童的学习困难不是一成不变的,它与家长、老师的关注程度存在显著相关性。老师、家长加强辅导,督促学习,孩子成绩就会上去;反之,如

果老师关注较少，家长因为主观或客观原因不关注孩子学习，成绩就会下降。另外，多动症儿童往往因为注意力不能集中，行为易冲动，会在还没有明确题义时就急于回答，导致越是简单的题目越容易出错误。而很多家长只有孩子成绩明显有变化时，才会意识到孩子可能是需要帮助的，否则就会忽略其他的行为表现。

多陪伴，更能洞察到孩子的情绪变化、行为问题

有些家长自己工作很忙，对于孩子的日常生活、情绪变化了解不多，到家也只是过问学校的学习情况，自己拿着手机玩；有的家长听到孩子谈论学校的情况就觉得头大，"你怎么这样烦？""小孩子能有什么烦恼？""不要整天哭丧着脸！"孩子往往因此不敢对家长表露心中的想法，因为害怕被责备、被拒绝，所以会"报喜不报忧"，让家长有一种错觉，孩子好像没什么问题。有的家长只看成绩，成绩好，就觉得没有问题，成绩不好了，才会想到找原因。有的家长则比较注重陪伴，当孩子出现变化时，能及时察觉到。

家校合作，多角度了解孩子的行为、情绪

当然，孩子不只在家里活动，学校也是孩子每天出没的地方。所以家长要及时了解班级里发生的事情，和老师做到家校合作，有问题就及时发现。比如孩子多动，如果是老师提出来的，那么就要去重视，不要认为是老师故意为难自己、推卸责任。因为老师在讲台上上课，很明显能横向比较，看到孩子和同学们的不同之处；而家长往往只面对一个孩子，就很难去衡量行为是否有差异。老师也常常能较早发现孩子的情绪问题，因为孩子上学的时间可以长达8个小时，比较容易暴露问题。比如孩子出现话少、孤僻，或者看到孩子在学校里发脾气，有一些过激行为如推桌子、摔本子等；也有的孩子回避上台演讲，被老师点名站起来回答问题也会感到紧张、发抖、脸红，而这种社交恐惧相关的表现在家里则很少会出现。有些老师不仅观察很仔细，会给家长描述当时的场景，还会用手机记录孩子的情况，更直观地让家长了解事发的情况。老师也帮助家长从另一个角度了解了孩子的行为、情绪，明白孩子行为背后的原因是什么，孩子究竟遇到了什么困难。

发现问题后，积极配合干预，不盲目相信"别人说的"

孩子的情绪和心理问题对日常的生活学习已经有了明显影响，那就建议要找专业医生来帮忙了。

当然，很多爸爸妈妈还是会有顾虑，是不是自己太焦虑了？也许没有这么严重？那么可以先利用身边可以得到的资源，比如班主任、任课老师、同伴，先从孩子熟悉的环境中找资源，看看他们怎么看待孩子的现状。现在学校都有心理老师，他们熟悉学生最常见的问题，也知道如何来帮助孩子应对困难。如果还是不确定，可以打青少年心理热线咨询，热线那头的心理医生都接受过专业培训，知道怎么鉴别一般情绪问题和情绪障碍，也会给出专业建议。如果大家的意见都一致，这个孩子的确需要更专业的帮助，那么就要尽快安排和精神心理科医生见面，通过量表筛查，协助明确诊断，并且和医生一起来讨论进一步的治疗方案，包括心理治疗、药物治疗、认知治疗、放松治疗等。

说到心理治疗，有的时候，并不像传说中那么神奇，一次访谈就能让人醍醐灌顶。事实上，对孩子能有帮助的心理治疗需要循序渐进，每周1～2次，每次1个小时左右；治疗师通过帮助孩子找到适合自己的改善方式，和这个世界相处的方式，和自己愉快相处的方式。所以，不能心急，需要时间累积。

说到药物治疗，很多家长会想到"别人说的那个药"。那个"别人"可能是某个七大姑八大姨家的谁，曾经告诉过自己：精神类的药物不可以吃，会越吃越傻，好好的人也会吃坏；要不就是副作用一堆，孩子还那么小，怎么可以用药？药物会对大脑有影响吧？吃笨了可怎么办？总而言之，药物是"洪水猛兽"。

那个"别人"说的问题都很在理，也的确是很多人心里担心的。但事实上，大脑就像一台运作的机器，有的时候会因为机油减少等问题，影响信息传输，导致表现出一些状况来；所以需要额外补充一些机油来帮助齿轮正常工作，维持信息传输链的正常运作。这样看起来，药物就必须要对大脑有干预作用，而不是在外周工作。而且，问题解决了，孩子才能尽快正常上学，提高学习效率，越来越聪明。合理使用药物，会让孩子更快回到正轨上。而一旦出现了药物副作用，也要积极找医生帮忙分析原因、调整方案，不能找不专业的"别人"讨救兵。家人如果能和医生建立医疗同盟，对医生信赖，就能更好发挥药物的效用，早用药早改善，也能做到早停药。

关于认知治疗，比如以考试前焦虑为例子，要正确认识考试，正确看待考试的结果。虽然，即将面临的考试(特别是中考、高考)是相对重要的考试，可是在人生中，所谓的"重要"考试，绝不只有这一场。有些对待学习非常认真的孩子，为了督促自己学习，采用"灾难化"的想象来警惕自己，反而给自己增加了不必要的心理负担。影响临场发挥，结果适得其反。考试更多的是可以让考生明白自己还有哪些没有掌握的知识点，检验已经学过的知识。与其考前过度担心结果、关注一些细节，不如把学习过程中的每部分都更尽力去做好，那么在考试时就会更有把握，也更能考出自己的真实水平。所以要调整自己看待考试的态度，改变对这件事情原有的认知，换一个角度来思考，这样会看到不一样的自己、不一样的世界。

家人的支持对孩子的康复同样很重要

很多家长来到训练营后，把孩子往训练师面前一扔，就自己开始玩手机了；平时，很多家长也会选择把孩子带去医院，给医生看一看，觉得任务就完成了；对于上学、上辅导班，也都是同样的态度。因为他们更多地认为，"专业"人士会处理、出力的。

但是孩子是父母的孩子，他们生活在家庭里，每天都会耳濡目染父母的行为、情绪、处理问题的方式，那些细节有时就成了孩子眼中的"别有意味"。有的家长觉得孩子情绪不稳定，就不主动提到情绪问题，或者不愿和孩子交流情绪问题，担心会刺激到孩子；万一情况激化了，自己可不想"背锅"。事实上，很多孩子对父母这样的行为感到失望，彼此越来越远。

有的家长又完全相反，特别积极。"你想什么呢？快告诉我！""有什么一定要说啊，我在你身边啊！"说着说着，还会去拍拍孩子的肩膀。或者一把推开孩子的房门："你不能关着门的，我要看着你！"这样的贴身看护，也会让孩子感到压力重重。

到底怎么做才会让孩子接受，又能有效呢？首先要"共情"。所谓共情，就是感知到对方的感受的能力。当家长试图去感知孩子的情绪时，孩子会有被理解的宽慰，这是家长能有效帮助孩子的重要前提。家长若能真正地共情到孩子，孩子才会感受到被理解，也愿意和家长结盟。其次，当孩子出现状况时，家长要调整好自己的情绪，在共情的基础上保持好奇，去了解孩子正在发生什么，为什么会发生这些。不要过度紧张、“风声鹤唳”，也不要回避、不闻不问。另外，要多听、少说。家长总是抱有一种心态：“我吃过的盐比你吃过的饭还多，我有什么不知道的？”其实，孩子还是更希望多表达自己的内心想法的，家人只要带着耳朵去聆听就可以了，再适当给一些反馈、引导。还有，父母也要尽量和孩子互动。父母亲虽然平时自己也有工作，但是休息的时候可以和孩子一起做些家务，比如做菜的时候让孩子来搭把手，洗碗的时候让孩子陪着擦擦灶台。周末和孩子一起找找菜谱，做甜品、烘焙，带孩子一起上超市或菜场买菜，让孩子贡献体力。也可以和孩子一起运动，比如打羽毛球、乒乓球，一起跳绳，看谁跳得多，一起比赛平板支撑、仰卧起坐。亲子互动不一定要一本正经地聊天，往往只要我们一起做一件事就会很有收获。

后　记

经过几次积极沟通后，小俊和爸爸妈妈都开始对抑郁、焦虑、强迫有了更理性的了解，也不再对服药那么地抵触。重新开始服用药物后，小俊告诉妈妈，服药后自己的心情好起来了，他愿意周末约同学去打篮球，每天放学后，他还带着宠物狗豆豆下楼去遛弯儿；此外，服药后他感到上课注意力很容易就集中起来了，那些数学题真是越看越喜欢做。爸爸从单纯的司机变成了小俊的倾诉对象，小俊告诉爸爸，之前上的辅导班效率不高、重复性内容太多，他和爸爸商量好，选择了更针对自己问题的一对一辅导。在期中考试的时候，小俊的成绩有了质的飞跃，连老师和同学看他的眼神都温柔了起来。

附录　开心减压小技巧

一、绘画减压技巧

绘画治疗的根本在于绘画创作和对作品的诠释和领悟。通过绘画的方式，促进心理的健康发展、完善自我，达到个人与环境平衡。

体验：情绪圈——成为自己最好的治疗师

用具：A4空白纸1张、油画棒（或水彩笔、彩铅等）。

步骤：

1. 准备好空白纸张放置在自己面前，用黑色的笔在纸上画一个尽量大的圆圈（请你把自己画的闭合的圆形想象成这是为自己创造的一个足够安全、自由的空间。封闭的图形意味着它把一切外物隔离在外面，同时在守护和保护圆圈以内的空间）。

2. 放下手中的纸、笔等所有物品，安静坐下来，去觉察此时此刻自己内在最强烈的一种情绪或一种冲动。并想象与这种情绪或冲动相匹配的颜色、形状、大小、强弱、运动或静止等。

3. 挑选相匹配的一种颜色的笔把自己感受到最强烈的情绪或冲动，在自己创造的足够安全、自由的圆内空间里通过绘画自由呈现。

4. 旁观自己的作品，给自己回应——此刻我可以给这幅画加上另一种什么样的颜色、线条和图形，给刚才的作品以回应，使自己感觉更舒服？更安全？更自由？

5. 挑选相匹配的另一种颜色的笔用任意的形状、线条给自己回应，在之前的作品上进行绘画。

6. 再次旁观自己的作品，并感受自己此刻的情绪与开始时的情绪的不同。

7. 为自己的作品命名(把自己的感受通过语言口语化表达，增强情绪表达能力，见证自我抚慰和疗愈的能力)。

二、身心照料技巧

遇到外部刺激，身体反应(呼吸、心跳、血压、动作等)最先出现，进而上升到感知，最后达到认知层面。身体反应、感知和认知的反应顺序自下而上，但又形成一个闭环，三者彼此影响。通过从身体层面入手回归身体感受，觉知身体和情绪的关联，进行有质量的自我照料，促进身心健康。

体验：把身体的不舒服作为开启点——更好的自我照料

步骤：

进行“身体作为开启点”的身心照顾体验，开始前找一个安静舒适的空间。

1. 调整坐姿。选择舒适的椅子坐下后，调整双脚的位置，让脚掌和10个脚趾头平铺在地板上，直到双脚的位置使你感觉更稳定地坐在这里。感受地板和椅子的支撑，让整个身体松弛下来，身体感受到的只有重力。

2. 把注意力放在呼吸上。观察呼吸的自由度，多重复几次，什么都不需要去做，只是和自己的呼吸待一会。并感受在每次呼吸时身体有些部位在微微运动，如：腹部、胸部、肩膀、整个后背以及身体的两侧。并请默默告诉自己：我在这里，我在这里，我在这里。

3. 把注意力关注到自己的身体，从上到下、从头到脚觉察身体不舒服的部位，不评判、不评价、不对抗、不逃离，只是把注意力停留在这个部位，并尝试对呼吸持续有觉察。

4. 不舒服的部位跟随每次吸气和呼气，慢慢地舒展和收缩，感受这个部位慢慢柔软、松弛、恢复弹性。多重复几次，并尝试对呼吸有觉察。直到这个部位慢慢舒服松弛，再慢慢地睁开眼睛，结束体验过程。

三、父母认可练习

父母和子女之间的隔阂，有时甚至争吵，很大一个原因就是父母并没有给孩子一个认可。那父母要如何做到认可呢？

1. 集中注意力听孩子说话：带着兴趣、倾听观察，不要分心，保证眼神的接触，保持专注、不要玩手机或者看电视，在倾听事件时，偶尔点点头，用你的情感表达去做回应。

2. 回应反馈：总结重述你看到的、观察到的，确保你理解对方的意思。不用评判的语气或语言，保持开放的头脑，不要反对、批评、试图改变孩子的语气。用允许孩子纠正的口吻，并核查事实。例如，“所以你推了小红一下是因为小红欺负了小蓝，而你看到了觉得很生气，我理解到你的意思吗？”

3. 关注孩子的非言语表达：可以留意孩子的面部表达、肢体语言、正在发生的事情，以及你对孩子的了解。用话语和行动来表示你的了解，并对他们表示开放和纠正的态度。

4. 表达你的理解：探索孩子的感受、想法，即使你可能并不同意孩子的行为、观点或者处理方式。你可以说“我理解你……因为……”

5. 承认合理的部分：结合事实和现实可以表现出你认为合理的部分。

6. 把孩子放在一个平等的角度：不要站在一个家长的角度上对孩子进行说教，要平等地对待他；也不要把孩子的一些行为归咎为脆弱或者无能。询问他的观点，给予孩子意见的时候，不要强求他一定要按照这个建议做。即使给了意见，记住家长有的时候可能也是错的。

四、渐进式肌肉放松

使用渐进式肌肉放松的方法可以帮助我们在焦虑紧张时放松。我们需要专注在身体上，让肌肉先绷紧再放松，一次一个肌肉群。紧张和放松的意义在于使你体会到紧张和放松的感觉，从而学会如何保持松弛。

步骤：

1. 找一个安静的环境，坐在椅子上，双脚踏地，闭上你的眼睛；想象一下你的左手握着一只柠檬，你要把它挤出汁来；用力捏一下，握紧，感受肌肉紧张的感觉；注意左手的紧张，注意左前臂的紧张，收紧上臂肌肉，紧一点，再紧一点，坚持5秒钟。好，现在放松你的整只手臂，放松，彻底放松，甚至感觉不到它的存在。

2. 想象一下你的右手也握着一只柠檬，用力捏紧它；注意右手的紧张，注意右前臂的紧张，收紧上臂肌肉，紧一点，再紧一点，把它的汁都挤出来，坚持5秒钟。好，现在放松你的整只右手，放松，彻底地放松，甚至感觉不到它的存在，体会完全放松的感觉。

3. 接下来，想象自己是一只小懒猫，我们做一下手臂的伸展，把手臂尽可能地向上伸，好像要够着天花板了，再向上一点，然后落下，完全地放松双臂。

现在，想象你是一只小乌龟，坐在池塘边的岩石上晒太阳，正在放松安全地享受阳光。突然，危险来了，赶紧把头缩进“房子”里，请耸起你的双肩，越高越好，越紧越好，再紧一点，感受这种紧张。好了，现在危险过去了，你可以放松，彻底地放松了，让自己的脖子肩膀都舒展下来。

想象有只苍蝇飞过来落在你的鼻子上，你赶紧皱起额头，尽量提起眉毛，感受额头部位的紧张，坚持5秒钟。哦，它飞走了，你可以放松，再放松一些。不好，它又飞回来了，请紧紧地闭上双眼，用力紧闭，再紧一点，感觉睁都睁不开了，坚持5秒钟。好，放松，彻底放松，感觉眼前很清楚明朗，感受这种放松。

4. 现在，请用力将舌头抵住口腔上部，再用力，感觉一下口腔内肌肉的紧张。好，放松你的舌头，放松口腔内部的紧张，放松一点。

请紧闭你的嘴唇，尽量紧闭，再用力紧闭，感觉一丝空气都不能进出，注意嘴部与下颚的紧张。好，快速放松，彻底放松，微微打开嘴唇，自由呼吸，感受这种放松。请用力向后、向上仰起头部，尽量将头贴到背部，感觉到背部、肩膀以及颈部紧紧地连在一起了，坚持5秒钟。好，抬起头，再慢慢地垂下头，尽量地往下低头，将下巴靠住胸部，再慢慢地抬起头，放松肩部与颈部，放松，彻底放松。

5. 现在，请继续保持舒适的体位，做一次深呼吸，并持续5秒钟。注意背部和胸部的紧张。好，慢慢地吐出空气，放松背部和胸部，彻底放松。

想象一头小象走过来，要踩到你的肚子啦，让肚子紧张起来像坚硬的岩石，感觉它变得十分结实，再用力收紧一点。注意腹部肌肉的紧张。好了，它走了，现在安全啦，调整呼吸，你可以放松腹部，尽量做到完全放松。

想象自己光脚站在满是泥泞的大坑里面，请你伸直双腿，收紧大腿部位的肌肉，用力收紧，感觉腿部充满了力量，注意肌肉的紧张，尽力紧紧向下踩到泥坑底部，坚持5秒钟。很好，你可以走出泥坑，放松，彻底地放松，将双腿放回原来的姿势，调整一个舒服、放松的姿势。

感受现在的放松与之前紧张的差别，静静地感受一下现在的放松的感觉。

五、深呼吸练习

当我们感到焦虑时，我们的呼吸通常会变得短而浅，这样会让我们很难放松下来，因此学会如何做腹式深呼吸是非常有帮助的。

步骤：可以站着或者在椅子上坐直，将一只手轻轻放在胸部，一只手轻轻放在腹部。慢慢地用鼻子吸气，感觉自己好像在闻一朵美丽的鲜花。或者想象自己在森林里呼吸着清新的空气，慢慢感受空气顺着你的身体向下传递，注意胸部不能有大的起伏，气息一直吸到横膈膜，这样你的腹部会慢慢地鼓起来。屏住呼吸片刻，然后慢慢地用嘴将气呼出，可以在心里从1数到5。接下来再重复上述步骤，练习深呼吸3～5分钟。

六、想象“安全岛”

每个人都有属于自己的“秘密花园”，一个自己最喜欢的地方，在这里能让我们感到舒适和放松。“安全岛”可能是带给你快乐记忆的一次度假地，也可能是你向往的一个地方，又或者是学校、家中的某个角落。

步骤：首先我们需要找一个让自己感到舒服的姿势，放松下来，闭上眼睛想象自己当下就在这个能让自己放松的“安全岛”，通过视觉、听觉、触觉、嗅觉等感官想象你就置身其中。例如你最喜欢的能让你放松下来的地方是海边沙滩，当你闭上双眼去想象这个“安全岛”时，你感觉到自己躺在海边的白色躺椅上，耳朵里听到海浪声，感受到温柔的海风轻轻吹着你的皮肤，闻到海水的味道，看到一排排棕榈树，海边远处有一艘船……在想象的过程中，尽可能地将画面具体化和细节化，这样在我们平时的练习中，每当我们闭上眼睛，专注于这个地方，就仿佛置身于这个能让自己放松的“安全岛”，有助于让焦虑或者愤怒情绪离开你。

七、音乐治疗

运用音乐及其元素对人的生理以及心理产生的影响，配合治疗技巧，可以达到改善和增进身心健康的目的。当我们焦虑或者情绪低落时，聆听音乐可以促进放松和给予支持。

步骤：

1. 选择音乐：首先可以选择自己喜爱的歌曲或者乐曲，也可以选择聆听一些自然的声音或者舒缓的音乐，如海浪声、森林鸟鸣声、小溪流水声。接下来我们找到一个让自己舒服的姿势，可以坐着或者躺着，闭上双眼，全身放松，让自己完全沉浸在音乐中，随着音乐去感受自己的情绪、想法、脑海里出现的画面以及生理改变。聆听音乐的同时，可以随着音乐一起做深呼吸放松或者想象“安全岛”，通过这些方式，能够帮助我们缓解负性情绪和促进身体的放松。

2. 亲子情绪卡：制作一些情绪卡片，在每张卡片上写出一种情绪，比如开心、生气、焦虑……然后找寻你周围能发出不同声音的物品，例如水杯、桌子、饼干盒。接下来轮流抽出一张情绪卡片，按照卡片上的内容选择你认为合适的物品声音来表达这个情绪，可以通过敲击物品发出的声音音色、节奏快慢以及声音轻重来诠释。最后大家要猜出卡片上的内容。这个活动让父母和青少年可以了解彼此表达情绪的不同方式，更好地增进了解。

八、正念练习

正念是一个确保你和你的想法都在此时此地并不作出任何评价的过程。如果你有很多来自过去的不开心的想法，掌握这种技巧会很有用。

步骤：在一个安静的空间里，坐在椅子上，脚放在地上。手里拿着一样东西。你看着这个东西，注意它在你手中的感觉。它有多重？它的温度是多少？它是尖锐、粗糙还是光滑？它是什么形状？它的颜色是什么？它的气味如何？想一想它的用途。你可能会发现你的思绪飘忽不定，或者有一些想法突然出现在你的脑子里。这没关系，如果发生这种情况，不要难过。当另一个想法出现在你的脑海中时，只要意识到它已经发生了，然后再回到你正在做的事情。

九、游戏治疗

对青少年而言，将感受或者事件通过言语表达会有一定困难，而游戏是儿童最基本的交流方式，使用自发的、本能的游戏与使用语言相比，可以让孩子更加充分地直接表达自己。

游戏治疗所需要的材料和玩具可以分为三大类。①现实生活类：例如家庭成员的人物模型玩偶或者动物、汽车等；②释放攻击类：例如玩具手枪、橡皮泥、充气不倒翁等；③创造性表达和情绪发泄类：例如积木、沙子、画笔等。

亲子游戏治疗例子：玩扑克说故事。每人轮流抽一张纸牌，按照上面的数字，连成一个故事。例如：第一个人抽出一张“3”，可以说“三天前”，第二个人抽一张“8”，他就要将故事连下去，可以说“三天前，有八个人”，然后继续按照抽到的纸牌数字将故事情节接下去……

通过游戏能充分地进行自我表达和探索，传递出情感和需求。因此游戏治疗是探索儿童、青少年的内心世界的重要治疗手段。